KYOTO UNIVERSITY PRESS

秦　剛平

書き替えられた聖書

新しいモーセ像を求めて

学術選書 050

京都大学学術出版会

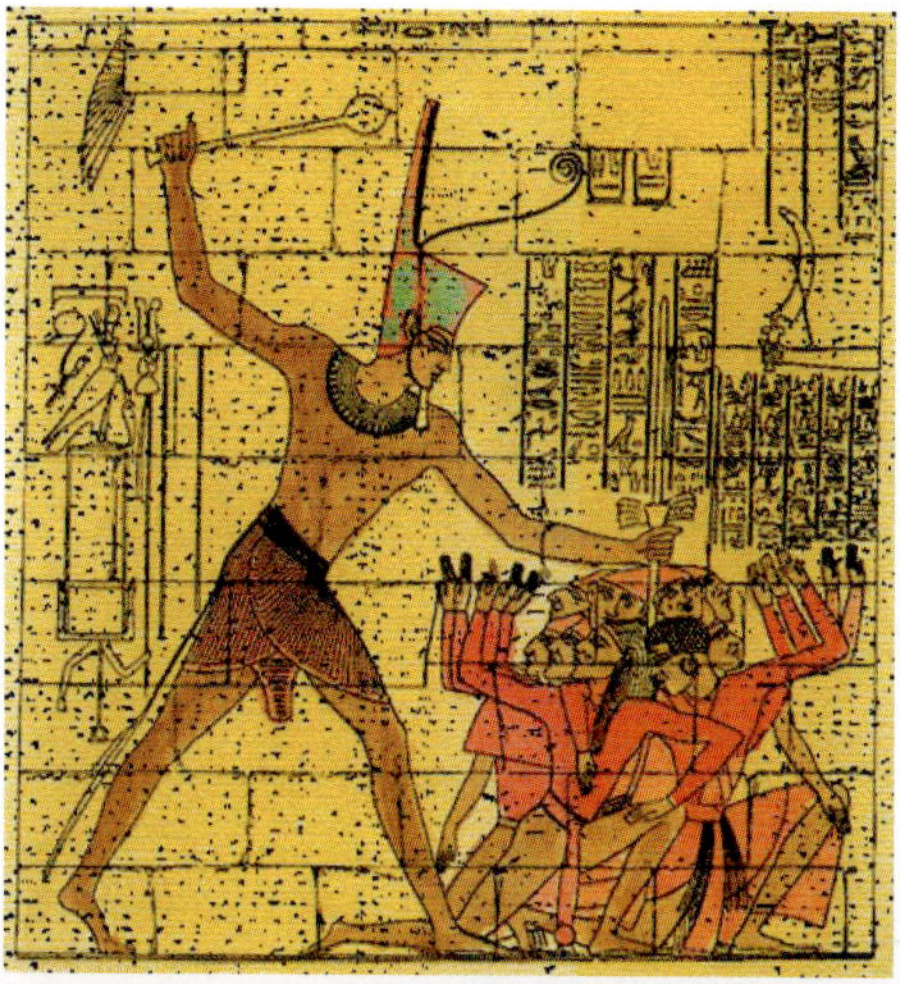

口絵1●（第1章）敵兵を打擲するセティ1世、ウェブ
口絵2●（第2章）嬰児、流れから救い上げられる、オラツィオ・ジェンティレスキ、1630年ころ作、プラド美術館

口絵3●（第 3 章）モーセと燃える茨、ドメニコ・フェティ、1613 年ころ作、ウィーン美術史美術館

口絵4●（第 4 章） ファラオの前のモーセ、シリア語聖書、パリ国立図書館

口絵5●（第 5 章） エリュトラ海の徒渉、ドウラ・エウロポス出土、ダマスカス博物館

口絵6●（第6章）シナイ山、エル・グレコ、1568年、モデナのエステンセ美術館

口絵7●（第7章）十戒を授かるモーセ、15世紀作、パルマ祈祷書

口絵8●（第８章）荒れ野の中のイスラエルびと、ティントレット、1592年ころ作、サン・ジョルジオ・マッジョーレ聖堂

口絵9●（第９章）モーセの死、ルカ・シニョレリ、1481年ころ、ヴァチカンのシスティーナ礼拝堂

書き替えられた聖書◉目　次

目次

書き替えられた聖書

はじめに

真理は奇跡も呪術も必要としない
――ピロストラトス『テュアナのアポロニオス伝』第五巻第一〇章三節

旧約聖書の出エジプト記は、創世記と同様、イスラエル民族の建国物語、というよりは建国神話の大きな一翼を担う書物であるが、その出エジプト記の大きな部分を占める「モーセ物語」は、単純であると同時に複雑である。

モーセ物語はどこまでも歴史を装ったフィクションである。

この理解に立ってこの物語を読み進めれば、「このような物語を紡ぎ出した民族が古代中近東世界に存在したのだな」ですまされる。物語が、後になってモーセと呼ばれることになるナイル川に遺棄された嬰児の救いからはじまるというのも「まあ、悪くはない着想だ」と笑い飛ばすことができる。エジプトの地で「七〇人」ないしは「七五人」から出発して増えに増えつづけたイスラエルの子らという着想も、わたしたちに「ネズミ算」とか「ネズミ講」という増殖法を思い起こさせると同時に、確か創世記では神がアブラハムにはじまる民族の父祖たちに向かって、彼らが多くの民族の父になると約束したり、それればかりか「産めよ、増やせよ」と民の尻を叩きまくっていたことを思い起こさせる。しかし、それがどの王か特定できないファラオのもとで苦役を強いられ、そのためエジプトから脱出したイスラエルの子らの数が女・子供を含めて一〇〇万以上――出エジプト記で記されている「六〇万」は成人男子の数にすぎない――だと聞かされると、しかもその脱出の先頭に立ったモーセが八〇歳であったと聞くと、わたしたちは途端に笑いこけてしまうであろう。その名称が何であれ、エリュトラ海を渡るモーセの一行のためにそれが二つに割れて乾いた土地が現れ、おかげで彼らは対岸に渡りきることができたが、他方彼らを追尾するファラオとその軍勢がそこを渡ろうとすると二つに割れて水の壁が崩れ落ち、たちまちにして元に戻ったためにエジプト人全員が溺死したと言う。

エリュトラ海の奇跡。

これは空前のスケールのものであり、後の奇跡業者、じゃなかった奇跡行者のひとりで、神の子に格上げされたイエスでさえ行い得なかったものである。彼は体の不自由な者たちや悪霊にとり憑かれた者たちを癒し、数千の飢えた者たちのためにパンや魚を天から降らせるパフォーマンスを演じて見せたらしいが、それらの奇跡はいずれも、エリュトラ海の奇跡の前には寂しい限りのスケールの小さなものである。せめてティベリアスの町から対岸の町に向かうときにはいつも、ガリラヤ湖を二つに割る奇跡を見せてほしかった、と願うのはわたしだけではないであろう。

出エジプト記によれば、モーセは「神の山」ホレブ山で神から「十戒」の刻まれた石板を授けられたそうである。わたしたちはすでに創世記で神が人語を発する者であることを知ったが、わたしたちは出エジプト記ではじめて、神がヘブル文字を石板に刻む芸達者な方であることを知るが、人語を口にし、文字を書くのであれば、神は「神」（テオス）ではなくて、「職人」（デーミウルゴス）あるいは職人衆の「親方」となる。神が職人であっても、職人の親方であっても構わないが、もしそうならば、神は信仰の対象になり得ないと思われるが、人類の一部はそれを、一神教の神として信仰の対象にし、他の神々を多神教の神として排除・排斥してきたのである。

十戒を少しばかり腰をすえて読んでみると、それは荒れ野ではなくて、カナンの土地に定住しはじめた時代――実際、このプロセスは複雑なもので、この時代をどこまで歴史学の上で確定できるのかは、わたしなどは何も自信をもっては言えない――以降の「ある時代」としか言い様のない曖昧模糊たる「ある時代」につくられたものであることは明白であるが、もしそのことが指摘されれば、モーセ物語の根幹にあるものが音を立てて崩壊してしまい、その部分を支えていた他の物語もその崩壊の道連れにされる。十戒授与後、荒れ野の中を一〇〇万以上の大群が四〇年以上にわたって放浪・彷徨した話もまた、イスラエル民族の「建国神話」としての命脈は保ち得ても、「歴史物語」としての命脈は尽きてしまうのである。モーセがネボ山でヨルダン川の向こうにある「約束の地」を遠望したが、そこに入ることを許されなかったことや、彼の後継者となってヨシュアが一行を引き連れてその地に入って行った物語にもフィクション臭がふんぷんとしている。イスラエル民族の「ある時代」

の史実性を回復させるのは困難なことであるが、困難であれば、正直に「ある時代」としておくしかないのである。「建国神話から出発するフィクションから史実を取り出すことは不可能だ」と言い放つしかないのである。

モーセ物語の理解を複雑にするのは、その後のユダヤ民族の歴史の中でこの物語がフィクションから「史実」へと格上げされて信仰と絡まったからである。その結果、モーセが出エジプトの出来事でイスラエルの子らを救い出した民族の英雄とされたからである。英雄にされれば、その英雄のもつ暗い部分は問題にされなくなる。出エジプト記によれば、歴史と思われるものへのモーセの登場は、彼によるエジプト人監督官の「殺人」と「死体遺棄」と「逃亡」という「犯罪の三点セット」にはじまる。モーセ物語を建国神話のフィクションと見なす者にとっては、この「犯罪の三点セット」などはどうでもいい話になるが、そうでない者たちはこの三点セットを問題にしなければならない。しかしそれが取り上げられることはない。不思議である。

出エジプト記によれば、モーセは大量の殺戮を行っている。しかもそれは「汝人を殺すなかれ」と書かれた十戒の石板を授与された直後の出来事であるから始末が悪い。しかしこれもモーセ物語を建国神話のフィクションと見なす者にとってはどうでもいい話となるが、そうでない者たちには、この物語に直接向き合い、そのときその場でのモーセの大量殺人の正当性を説明するモラル・オブリゲーションが生じると思われるが、それがなされることはない。

それができないのはなぜか？

モーセを一神教の創始者と見なすからなのか？　一神教の創始という行為の前に、殺人などは小さな行為となるのか？　そしてその場合の暗黙の前提は一神教は多神教よりも優れているというものなのか？

筆者はこれまでに出版した『旧約聖書を美術で読む』や『あまのじゃく聖書学』（青土社刊）その他で、出エジプト記の物語を評して「壮大ではあるが、出来の悪いフィクションである」とくさしてきた。

「壮大である」というのは、出エジプトを試みた者たちの数が女子供を入れれば一〇〇万とか二〇〇万というとんでもない数になるかもしれない大群が、エジプトから脱国したとされるからである。何とも壮大な話ではないか？　腰を抜かしてもおかしくない壮大さである。しかもこの大群は、エジプト脱国後、昼は灼熱の、夜は零度近くにまで冷え込むシナイの荒れ野を四〇年にわたって彷徨したというのである。四〇日ではない。四〇〇日でもない。四〇年である。思わず絶句するほどの壮大さである。眉に唾する暇などない、目眩を覚えてしまう壮大さである。しかも彼ら一行を率いるのは八〇歳のモーセである。彼は気息奄々たる老人ではなく、生気みなぎる八〇歳の老人なのである。

では、なぜわたしはこの出エジプトの物語を出来の悪いフィクションとくさすのか？

その理由は簡単明瞭である。

それはこの物語のどこからも、モーセが率いた一〇〇万以上の民の生活臭が漂ってこないからである。一〇〇万を超す民族の大移動であれば、毎日のように何十、何百という新しい生命の誕生があり、また毎日のようにそれ以上の数の者が荒れ野の自然の厳しさの前にばたばたと倒れていかねばならないが、生命の誕生に伴う喜びの光景や死に伴う悲しみの光景は出エジプト記のどこにも描かれてはいないのである。これだけの途方もない数の彷徨であれば、小は窃盗事件から大はレイプや殺人事件にいたるまでのさまざまな事件が日常茶飯事的に天幕の内や外で起こってなければおかしいが、その描写はどこにもないのである。四〇年の彷徨であればまた、そこには日の落ちた荒れ野の岩場の陰や天幕の中で売春行為や買春行為があり、後家になっても男をもとめる創世記のタマルのような女も続出したと想像しなければ不自然であるが、その記述はどこにもないのである。わたしはこの「ない」という事実の連鎖から、「出エジプト記」を「出来の悪いフィクション」であると断じるのである。

ヨセフスは『ユダヤ古代誌』全二〇巻（拙訳、ちくま学芸文庫）の最初の一巻と二巻の一部を使用してイスラエル民族の歴史を天地創造の時に遡って語り、アブラハムなどの父祖たちの物語を再話した。わたしはすでにその再話を先に公刊された『異教徒ローマ人に語る聖書――創世記を読む』（京都大学学術出版会）の中で語ったが、本書はそれに接続するもので、ヨセフスは出エジプト記の中で語られている「モーセ物語」を、ローマ人や、ギリシア人たちに向かって再話する。ここでのヨセフスはもちろん、出エジプト記を民族の建国物語ないしは建国神話を構成する物語の一部として理解するのではなくて、ユダヤ民族の遠祖となるイスラエルの子らの歴史の上で事実起こったとされる出来事を記録した資料として使用しているが、彼はそこでの物語を、そうするのが再話者の特権であるかのようにして自在に改変して再話する。神の人語を創作して再話する大胆さである。モーセの言葉を創作して再話する大胆さである。こうした大胆さを持ち合わせたヨセフスであるが、彼にとってモーセ物語の再話で最大のネックとなったのは、モーセが若いときに起こした犯罪の「三点セット」である。しかし、民族の英雄の引き起こしたこの恥ずべき出来事は「エチオピアへのモーセの軍事遠征」の物語を取り込むことで見事回避される。もちろん、物語の上でのモーセはその生涯において芳しくない出来事をいくつも犯しているが、ヨセフスはそれらをも回避し、どこまでも民族の英雄として描き、それを異教徒たちに語りつづけるのである。他民族の者に聖書の中で語られている芳しくない物語は翻訳してはならない、という心得のようなものを、ローマ時代のユダヤ人知識人たちは承知していたが、ヨセフスもそのひとりであったのかもしれない。とはいえ、彼が再話するモーセ物語が出エジプト記のモーセ物語以上に面白いものとなっているのは、そこには出エジプト記と同じく、生命の誕生や生命の喪失の場面などの記述はないものの、そこで再話されるさまざまな物語が非常にしばしば、彼自身の人間についての深い洞察にもとづいて大胆に改変されているからである。その意味でヨセフスの再話は「壮大であるばかりか、出来のよいフィクション」となっているのである。

第1章……モーセ誕生の前史

エジプトに移り住んだヤコブ（イスラエル）の子らの物語とモーセの誕生を含むモーセ物語は、フラウィウス・ヨセフスの『ユダヤ古代誌』（以下、『古代誌』と略記）の第二巻の二〇一節からはじまります。聖書では創世記につづく出エジプト記からです。

『古代誌』で語られるモーセの誕生物語は、第二巻で語られているヨセフ物語の最終部分、すなわち一一〇歳で亡くなったヨセフの死やエジプトに招かれた兄たちのそこでの幸せな生活についての簡単な記述に接続するものですが、出エジプト記に見られるその記述に先行する箇所では、エジプトに渡ったヤコブの子ら一二人とその子ら（子孫たち）の名前が明らかにされると同時に、エジプトの宮廷で出世したヨセフのおかげで、彼らがヘーリウー・ポリスに土地を与えられて住むことを許されたことや、エジプトでのヤコブの死とヘブロンでの丁重な埋葬、それにつづくヨセフの死などが語られております。

ヨセフスによる出エジプト記の再話では、エジプトで増えに増えたヤコブの子孫のエジプト退去の理由が語られることになります。この退去にモーセが大きく関わります。モーセが退去の群れの陣頭指揮を取ります。ユダヤ民族の歴史の最初の方に置かれる、歴史を装った壮大な物語です。壮大なフィクションです。

最初にテクストの問題

ギリシア語訳出エジプト記の冒頭は、「以下は、彼らの父ヤコブとともにエジプトに入って行ったイスラエルの子らの名前。それぞれは、自分たちの一族をあげて（エジプトに）入った」（一・一）ではじまります。

「以下は……の名前」ですが、テクストの直訳は「これらは……の名前」であり、この表現はひとつの定式として創世記に頻出するものです。ということは、この定式は、出エジプト記についてのわたしたちの理解に最初から二つの問いを立てることを可能にさせますので、ヨセフスの再話に入る前に、それについて少しばかり考えておきましょう。

出エジプト記の冒頭に認められるこの定式は、本来、創世記と出エジプト記（の少なくとも冒頭からの大きな部分）は、ヘレニズム・ローマ時代には、合本されて扱われていたのではないかという疑問をわたしたちに投げかけます。もちろん、創世記と出エジプト記が合本されていなかったとしても、この定式は少なくとも、出エジプト記をギリシア語に翻訳した者が使用したヘブライ語のテクストでは、創世記と出エジプト記が合本されていたという可能性、あるいは創世記の訳者と出エジプト記の訳者が同一人物であった可能性を示唆いたします。

ヘブライ語創世記四六・二七によれば、ヤコブと一緒にエジプトに入ったイスラエルの子の数は七〇人ですが、ギリシア語訳テクストでは七五人です。使徒言行録も七五人です。ヨセフスは「七〇」の数をあげます（『古代誌』二・一七六）。これはヨセフスが、ギリシア語訳にしたがっているのではなくて、ヘブライ語テクストにしたがっていることを示唆するように見えますが、彼の使用するギリシア語訳テクストが「七〇」と読んでいて、彼がそれにしたがっているだけのことかもしれません。ヨセフスの再話の背後にあるテクストの問題は複雑ですが、その複雑さを読み解いてみたいとする研究者や読者にとっては、この違いは、その他の違いとともに検討に値しますが、ここではこれ以上深く立ち入りません。興味のある方はわたしが前著の付録で論じた「ヨセフスの使用した聖書について」や、わたしのギリシア語訳『創世記』や『出エジプト記』の註などをお読みください。これから先でもテクストの問題が頻出しますが、あらかじめ、ヨセフスが使用したギリシア語訳のテクストの問題は、その背後にあるヘブライ語のテクスト問題と同様に、複雑であることを了解しておいてください。間違っても、権威あるギリシア語訳テクストは存在したとか、そのもととなったヘブライ語テクストは権威あるものだったなどとは夢々考えないでください。そう思い込んで滑稽な珍無類な議論を展開させたのは、二世紀以降に登場した教会の物書きたちですが、わたしたちの知的水準を彼ら教会の物書きの水準に落とす必要などはどこにもないのです。

エジプト人の性癖は

それではヨセフスの再話の世界に入って行きます。

彼は出エジプト記の再話の冒頭で、エジプト人の性癖について、彼らを前にしては決して言えない、しかしローマ人やギリシア人を前にしてならば言えることを遠慮なく口にします。

「一般的に言って、エジプト人は官能的であり、労働を嫌って遊ぶことを好むが、とくに物欲が強いためにヘブルびとの繁栄が（しだいに）妬ましくなり、ついにはげしい敵意を示すようになった。」（二・二〇一－二〇二）

最初からずけずけです。

何だかわたしたち日本人のことを言っているようでもあり、またこの一節を読んだアメリカ嫌いのヨーロッパのヨセフス学者は、「これは現代のアメリカ人のことだろう」と半畳を入れました。

この「ずけずけ」の物の言い様の背後には何があるのでしょうか？

わたしたちはすでに『異教徒ローマ人に語る聖書』で、ヨセフスがユダヤ民族を攻撃する異教の知識人たちの言動をいかに意識していたかを見ましたが、わたしたちはここでその著作『エジプト史』の中でモーセについてさんざん悪態をついたエジプト人祭司マネトーンへの「意趣返し」を見るのが適当かと思われます。ヨセフスの同時代人で、『異教徒ローマ人に語る聖書』でも再三登場願い、これから先でも登場を願う紀元後一世紀のアレクサンドリアのユダヤ人哲学者フィロンも、その著作『アブラハムの移住』一三―一五で、エジプト人を肉欲の象徴としてくさしております。フィロンはもうひとつの著作『フラックスへの反論』（拙訳、京都大学学術出版会）二九でも、別の角度からエジプト人の国民性を問題にしております。

ではなぜ、エジプト人たちはイスラエルの子ら、すなわちヘブルびとへ「はげしい敵意」を示すようになったのでしょうか？

イスラエルの民の増大

出エジプト記一・七によれば、エジプト人たちがイスラエルびとを警戒するようになったのは、その数が増えに増えたからであり、まだまだ増えつづける様相を見せたからです。

数の増大がもたらす脅威です。

しかしヨセフスは、数の脅威を云々する前に、別の理由をつくり出します。彼はエジプトへやって来た「イスラエール（イスラエル）人の一族が繁栄の絶頂に達し、その徳と労働にたいする適性によって大きな富を貯えたのを見て、彼らはイスラエール人の増大を脅威と信じた」（二・二〇二）とするのです。ここでの「徳」（アレテー）の強調は、ユダヤ民族の父祖アブラハムにはじまる「徳」の延長上にあるもので（『異教徒ローマ人に語る聖書』参照）、これから先でも繰り返し見るものです。

エジプトの宮廷でファラオの地位につぐ高位に昇り詰めたヨセフの影響力はエジプトにおいてはすでに消え、「あのひとはだれ？」の状態だったようで、出エジプト記一・八によれば、ヨセフを知らない「新しい王」が立てられていたというのです。もしここで歴史的な背景をもとめるのでしたら、その「新しい王」（ギリシア語訳では「別の王」）は、第一九王朝のラムセス一世の子セティ一世（前一二九一―一二七九）（図1）か、同じ第一九王朝のラムセス二世（前一二七九―一二一三）（図2）ではないかとされます。

出エジプト記一・九―一〇によれば、王は増えつづけるイスラエルの民を目にして、同胞に警告して次のように言います。

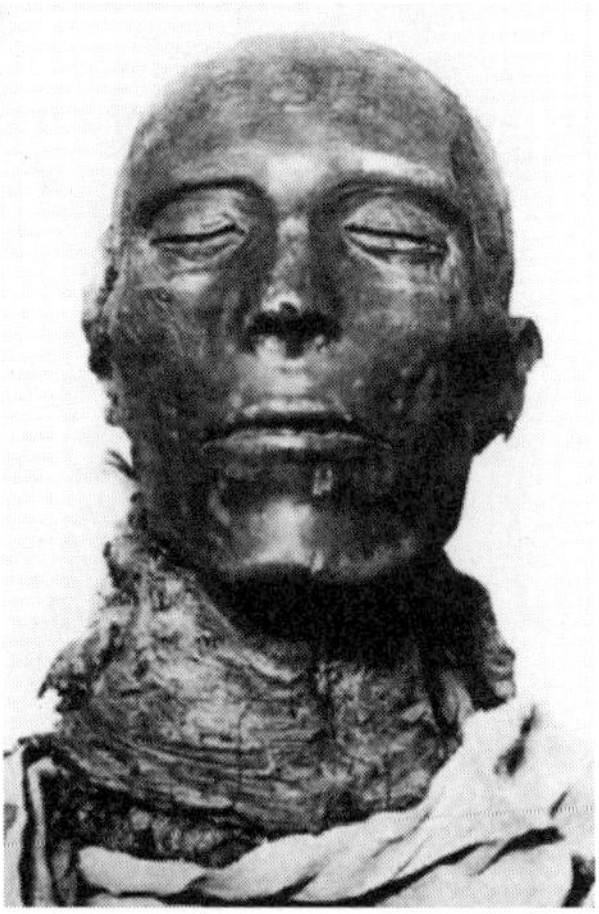

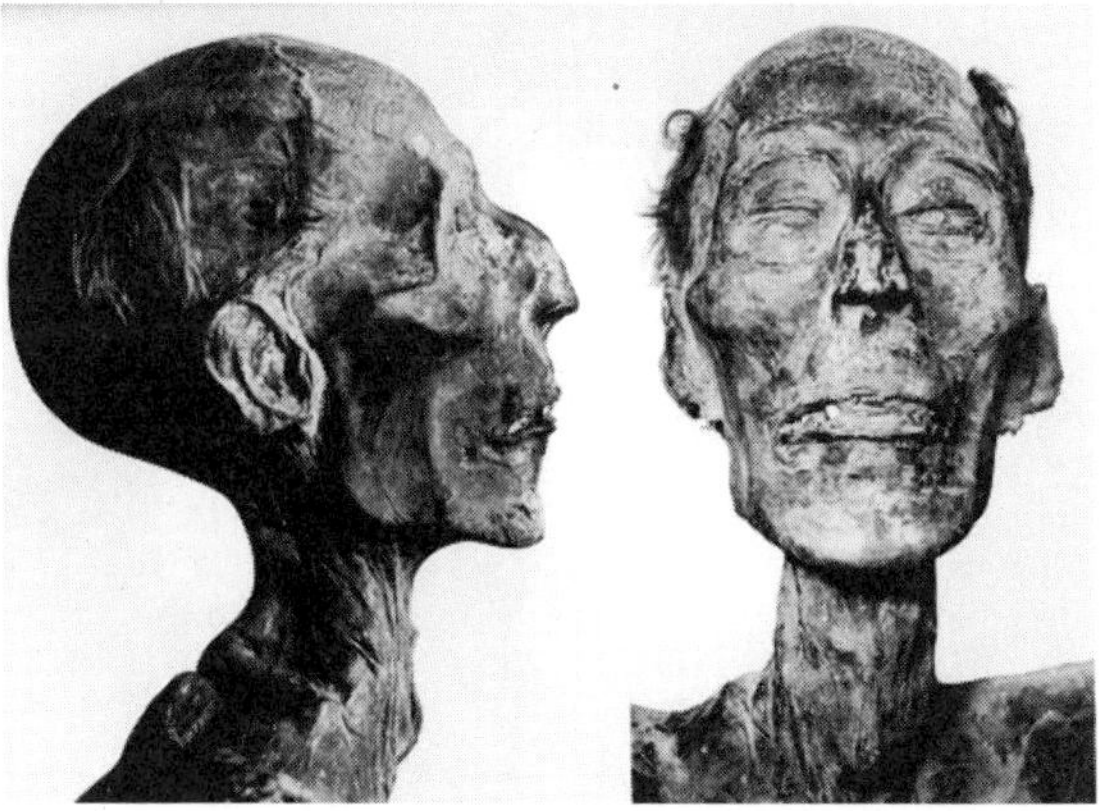

図1●セティ1世
図2●ラムセス2世

「イスラエル人という民は、今や、我々にとってあまりに数が多く、強力になりすぎた。抜かりなく取り扱い、これ以上の増加を食い止めよう。一度戦争が起これば、敵側について我々と戦い、この国を取るかもしれない。」（新共同訳）

「抜かりなく取り扱い」ですが、岩波版（木幡藤子訳）は「さあ、われわれは彼らに対して賢明に振る舞おう」と訳しております。

では、ギリシア語訳はどうなのでしょうか？

「見よ、イスラエルの子らの種族は途方もなく大きく（なって）、われわれ以上に強力だ。さあ、われわれは彼らを出し抜こう。もうこれ以上、絶対に増やさせない。われわれにたいしてひとたび戦争が起これば、彼らも（われわれに）敵対する者たちの側に加えられ、われわれを打ち破れば、この（エジプトの）地から出て行くであろう。」

ヘブライ語出エジプト記によれば、新王が恐れたのは内乱のようです。もし内乱が起これば、彼らイスラエル人は自分と敵対する勢力の側について戦い、勝利すればこの国を乗っ取る……というのです。ギリシア語訳によれば、新王の言葉は、ヘブライ語テクストの言葉と向かう先が異なるものです。彼らイスラエル人が勝利すれば、彼らはこのエジプトから出て行く……、少なくともそう読めるものです。

もう少し比較をつづけてみましょう。

ヘブライ語出エジプト記一・一一は次のように読みます。

「エジプト人はそこで、イスラエルの人びとの上に強制労働の監督官を置き、重労働を課して虐待した。イスラエルの人びとはファラオの物資貯蔵の町、ピトムとラメセスを建設した。」（新共同訳）

それにたいしてギリシア語訳の同掲箇所は次のように読みます。

「そこで王は、彼らの上に労役の監督官たちを立てた。彼らをこき使うためである。そしてイスラエルの子らは、ファラオのために堅固な要塞の都市、ピトムとラメセスとオン、すなわちヘーリオ・ポリスを建設した。」

比較してみますと、どうなるでしょう。

ヘブライ語出エジプト記の「物資貯蔵の町」は、ギリシア語訳では「堅固な要塞の都市」です。ギリシア語訳には、ヘブライ語テクストにはない「オン、すなわちヘーリオ・ポリス」が見られます。

ここでの付加的挿入を理解するためには、ギリシア語訳創世記四六・二八―二九を開いてみる必要があります。ヘブライ語テクストはその箇所で、イスラエルが自分よりも先にユダをヨセフのもとへ遣わした理由として、「前もってゴシェンへ（の到着を）教えるためである」（月本訳）と読んでおりますが、ギリシア語訳は「ラメセス（ラメッセー）の地のヘローオーン・ポリスで彼に会うためである」と読んでおります。ゴシェンのギリシア語名はゲセムであり（創世記四五・一〇参照）、ヘローオーン・ポリスではありません。ここでのヘローオーン・ポリスは出エジプト記のヘーリオ・ポリスと同名ですが、もしそうだとすると、ギリシア語訳創世記のヘローオーン・ポリスと、その繰り返しであるギリシア語訳出エジプト記のヘーリオ・ポリスは、創世記と出エジプト記が本来合本されていた可能性をここでも示すことになります。いずれにしても、この場所は、エレミヤ書四三―・一三で「太陽の家・太陽の神殿」、イザヤ書一九・一八で「太陽の町」として登場するもので、エジプトの第一王朝時代から、太陽神礼拝の首座として知られておりました（図3）。この場所はカイロの郊外ですが、エジプト史に興味を持たれる方は、是非この町に足を伸ばすか、一泊してみてください。

さて、ヨセフスは次のように言います。

「彼ら（エジプト人）がヨセーポス（ヨセフ）から受けた（多くの）恩恵は時の経過とともに忘れられ、また王朝も新しい王朝に変わっていた。そこで彼らは、イスラエール（イスラエル）人に狂的な暴力をふるったり、さまざまの残酷な方策を考え出しては彼らを苦しめた。彼らはイスラエール

図3●ヘーリオ・ポリス

人に命じて、多くの運河を掘って川を分割したり、町々に城壁をつくって堤防からの溢水で沼地のできるのを防いだり、またピラミッドを次つぎに建設した。彼らはこうしてわれわれの民族に新しい種類の仕事や労役を強制しては、われわれを疲労と困憊で消し去ろうとしたのである。」（二・二〇二―二〇三）

ここには出エジプト記には見られない詳細があります。運河や、城壁、ピラミッドなどの建設への言及です。これら三つの建造物への言及は、ヨセフスがローマからの帰途、エルサレムへ戻る前に（紀元後六四年）アレクサンドリアに滞在し、そこから足を伸ばし、ナイルの下流のデルタ地帯を見て回っていたとするわたしたちの想像の妥当性を補強してくれると思われますが（『異教徒ローマ人に語る聖書』の第一章参照）、ここで注意を払わねばならないのは、ヨセフスが卓上に置いているギリシア語訳に見られるヘーリオ・ポリスへ言及していない事実です。

この事実をどう説明するかです。

それはプトレマイオス一世の時代のアレクサンドリアにヘーリオ・ポリスから「イシスとオシリス」の神話を持ち込み、また次のプトレマイオス二世に『エジプト史』三巻をギリシア語で著して献呈したあのマネトーンがこの町の出身だったからでしょう。ヨセフスは、明らかに、この人物がヘーリオ・ポリスの出身であるがゆえに、この地には言及していないのです。「坊主憎けりゃ袈裟まで憎い」とはよく言ったもので、「マネトーン憎けりゃ、出身地まで憎い」のです。ヨセフスは、その代わり、出エジプト記の記述には見られない運河や、城壁、ピラミッドなどの建設についての情報を入れ、ユダヤ民族の先祖であるイスラエルの子らがファラオの労働力としてこき使われていたと想像してみせたのです。イスラエルの子らがこれらの建設事業で使用されていたとは初耳ですが、これはエジプトやナイル河口のデルタ地帯に滅法詳しいギリシアの歴史家ヘロドトス（前四八四―四二五）が聞いたならば、吃驚仰天《びっくりぎょうてん》するヨセフスの想像です。

さて、ヨセフスによれば、エジプトでのイスラエル人の「労苦は実に四〇〇年にわたって」（二・二〇四）つづいたそうです。ここでの「四〇〇年」はヘブライ語創世記一五・一三とギリシア語訳の同掲箇所でも見られる年数ですが、ヘブライ語出エジプト記一二・四〇は、それまでのエジプトにおけるイスラエル人の滞在期間を「四三〇年」としております。ギリシア語訳とサマリア五書の同掲箇所も同じ「四三〇年」ですが、どちらもそれをイスラエル人が「エジプトとカナンの地」で過ごした期間としております。まあ、こうした違いを念頭において、ヨセフスの挙げる「四〇〇年」を論じなければなりませんが、彼の「四〇〇年」は、転写の過程でそれに盲腸のようについていた端数が自然に落ちたとも想像されます。端数はテクストの転写の過程でよく落とされていく運命にあります。

男子殺害の命令

出エジプト記によれば、エジプトの王はイスラエル人に生まれてくる男子の殺害の命令を下しますが、その命令を下すに至る過程は説明されておりません。いかにも唐突です。

ヨセフスは次のように言って、その命令の裏にひとりの神殿書記の勧告があったとします。

「イスラエール（イスラエル）人がこうして苦しんでいたとき、さらに新しい事件が発生した。そしてそれに刺激されたエジプト人はわたしたちの民族の絶滅さえ図った。

神殿書記――彼らは将来のことを正確に語るすぐれた能力をもっていた――のひとりが王に次のように報告したのである。すなわちそのとき、イスラエール人にひとりの男子が生まれるが、もしその子が成人すれば、彼はエジプト人の力を弱めてイスラエール人の地位を高め、万人にまさる立派な徳で不滅の名声を得るであろう、と。」（二・二〇五）

ここで言及されているファラオの宮廷における神殿書記（ヒエログラマテウス）の地位は高いものなのでしょうか？

カイロ博物館に鎮座する何体もの神殿書記像から判断すると（図4）、彼らは宮廷へ出入りしてファラオへ助言することが許された者であり、それゆえファラオの宮廷における彼らの地位はそれなり

図4●神殿書記

に高かったと想像されます。ヨセフスはここで「彼らは将来のことを正確に語るすぐれた能力をもっていた」と述べ、「正確に語るすぐれた能力」を強調しております。ヨセフスがそう強調するのはそれなりの必然が彼にはあったのです。生まれてくる子についての託宣が不正確であっては困るからです。

さて、この神殿書記が「エジプト人の力を弱めてイスラエール人の地位を高め、万人にまさる立派な徳で不滅の名声を得る」ことになる男子の誕生を王に予告するのです。もちろん、生まれてくる男子はモーセです。このモーセを形容するのは「万人にまさる立派な徳」ですが、わたしたちはすでに『異教徒ローマ人に語る聖書』で、アブラハムにはじまる歴代の民族の指導者たちを有徳な者とするヨセフスの強調を考察しましたが、生まれてくるモーセの徳は父祖たちの徳の延長上にあるのです。そこでは、エジプトに移住したヤコブの子ら（＝イスラエルの子ら）は有徳の者たちでしたから、モーセは有徳の子らから誕生する有徳な子ともなるのです。聞いてて気恥ずかしくなる「徳」の強調の繰り返しです。

ヨセフスはつづけます。

「このような警告に肝をつぶした王は、この書記の勧告にしたがってイスラエール（イスラエル）人がもうけた男子をすべて川中に投じて殺すように、また陣痛を起こしている出産前のヘブル人の女は、分娩の終わるまで必ずエジプト人の助産婦たちに監視させるよう命令した。そして王命により、王の同国人で、王の意志に違反すると考えられない女たちによって取り上げられることになったのである。

王はまた、王命を無視して生まれてきた子をひそかに救おうとする者は、その子どもも処刑するようにとも命令した。

まことにイスラエール人は戦慄的な災禍に見舞われたものである。彼らは、自分の子を奪われてしまうというだけではない。両親も自分の子の殺戮の幇助者にならねばならぬ、ということだけではない。彼らの子が皆殺しにされることと、近づきつつある彼ら自身の死によって、彼らの種族がいずれは絶滅せねばならぬと考えると、彼らはその災禍の過酷さに絶望的にならざるをえなかったのである。」（二・二〇六―二〇八）

このあたりでは「民族」（ゲノス）という言葉が「絶滅」（アファニスモス）という言葉とカップリングされて使用されております。「わたしたちの民族の絶滅」が本書の二・二〇五に、「彼らの種族が（いずれは）絶滅せねばならぬ……」が同じ二・二〇八に、「民族全体が絶滅するのではないかと心配し」が同じ二・二一〇に、「その人たちの種族の絶滅という悩みも……」が同じ二・二一一に見られます。

「民族の絶滅」の強調は、それを主題にした旧約の外典文書『エステル記』や、『ユディト記』、『マカベア第三書』などを想起させると同時に、ローマのヨセフスが、神殿と祖国を失ったディアスポラのユダヤ人たちが周囲の異教徒たちに攻撃されて滅びに至るのではないかと危惧する姿を想像させるものになります。

出エジプト記一・一五―一六によれば、エジプトの王はシフラとプアと呼ばれる二人のヘブルびとの助産婦に、生まれてくる子が男子であれば殺し、女子であれば生かしておくように命じますが、ヨセフスはヘブルびとの助産婦を登場させません。代わりに彼は彼らの出産を監視するエジプト人の助産婦たちを登場させるのです。

ここに、出エジプト記のように、ヘブルびとの助産婦を登場させるのはきわめて不自然です。同胞たちの子であるがゆえに、王命などはなから無視するかもしれないからです。実際、出エジプト記一・一七には「助産婦たちは神を畏れていた。二人は、エジプトの王が彼女たちに命じたとおりにはせず、男子たちを生かせてやった」（拙訳）とあります。またわずか二人の助産婦がエジプト全土で生まれてくる子を見ることなどできっこないからです。さらにうがったことを申せば、ヘブルびとの助産婦のひとりシフラのギリシア語訳の表記はセプフォーラで、それは出エジプト記二・二一、四・二五、一八・二に登場するモーセの妻の名前ツィッポラのギリシア語訳の表記と同一なのです。もちろん、ヨセフスはこの固有名詞の呼び方をギリシア語訳に合わせることなどはせず、「耳に快適に」

響くものに改めることも可能だったはずですが、生まれてくるヘブルびとの子を取り上げる助産婦の名がモーセの妻となる女の名と一緒では混乱をきたしかねません。ヨセフスは名前の同一性も考慮して、ヘブルびとの助産婦を登場させなかったのかもしれません。

アムラムにたいする神の啓示

出エジプト記二・一は「レビの部族出身の者がいた。彼はレビの娘たちのひとりを娶った」(拙訳)ではじまります。ここでのレビ族の男と娘の女の名は伏せられており、彼らの名は同書六・一八、二〇になってはじめて分かります。

ヨセフスはレビ族の男の名前アムラムをはやばやと持ち出して、次のように物語を創作します。そして少しばかり先に進めば、アムラムの連れ合いとなるヨケベドの名前もはやばやと持ち出すのです。

「ヘブルびとの貴族の出てあるアマラメース(アムラム)は、次代を継ぐ若者がいなくなる結果、(イスラエールの)民族全体が絶滅するのではないかと心配し、また個人的には、自分の妻がそのとき身重だったので、どうしてよいのか分からずまったく途方にくれていた。

そこで彼は神に祈願し、神への奉仕にあくまで忠実だった人たちに憐れみを垂れたまい、その救いの手をのべられて現在の苦境を切り抜けさせてやり、また、その人たちの種族の絶滅という悩みも解決してやってくださるようにと願った。

すると、(そのような)彼を不憫《ふびん》に思った神は、彼の願いに動かされて、眠っている彼に顕現してこれから起ころうとすることに絶望しないように励まされた後、こう告げられた。すなわち、神は彼らの信仰を(よく)覚えており、それにたいしては正当な褒賞を与えるつもりである。それは神が彼らの先祖たちに恵みを垂れ、少数の者たちをこれほど多くしてやったのと少しも変わりはないのだ、と。

そして神は、昔、唯一人でメソポタミアを立ってカナナイア(カナン)へ旅したアブラモス(アブラハム)が、(途中)いかに自分の加護を受けたかを語り、また、かつて不妊だった彼の妻が自分の意思によって子が産めるようになり、そのためアブラモスには息子たちができたこと、そして彼はイスマエーロス(イシュマエル)とその子孫にはアラビアの土地を残し、カトゥーラ(ケトラ)との間にもうけた子供たちにはトローグロデュティスと、イサコス(イサク)にはカナナイア(カナン)を与えたことをとくに回想された。」(二・二一〇—二一三)

ヨセフスによれば、神は眠っているアムラムに顕現して彼に語ったというのです。

本書の読者や聞き手は、ここで創世記のヤコブを想起します。ハランの地に向かうヤコブがある日、旅の途次の土地で石を集めて枕として寝ておりますと、最初は幻影が、次には神が現れて彼に語りかけたと言うのです（一・二七八以下）。神の幻影や神は、夢の中で語りかけるようですが、わたしはこれまでの人生でこうした体験は皆無なので、そしてこれから先の長くはない人生でもこういう異変は起こらないと確信しておりますが、こんなことが本当に起こるのかと不安になります。それはともかく、ヨセフスはここでアムラムを眠らせておいて、神を登場させ、創世記で語られている神に、神が父祖たちになした恩恵的行為を回想させているのです。聖書や外典文書においては、神が父祖たちになしたその恩恵的行為はこれから先でも何度でも回想されますが、ヨセフスは歴史記述における「回想行為」をよく知っているのであり、それをどこに挿入すれば効果的であるかも承知しているのです。

この引用した文中の最後部に「イサコス（イサク）にはカナナイア（カナン）を……」与えたとありますが、これはこの一文を読む者を当惑させるものです。これは創世記の父祖物語には見られない詳細だからです。父祖物語を熟知しているはずのヨセフスがこのような詳細を記述するはずがないからです。これはヨセフスのテクストが転写される過程でテクストに入り込んだものと理解するのが正しく、実際、『古代誌』の「梗概」をつくった人物は「イサコスにはカナナイアを」を取り除いておるのです。

ヨセフスはここで神の言葉をも創作し、最初の父祖アブラハムについて次のように言います。

「神は言われた。

『そうだ。わたしの加護の下に行われた戦争において彼（アブラハム）の示した勇気（ある行動をひとつでも）忘れていれば、おまえたちが不敬だと呼ばれても仕方があるまい。

ヤコーボス（ヤコブ）もまた、その生涯で手にし、自分の子らに残した繁栄のために、同国人でない者たちの間でよく知られるようになった。当時彼は、全部で七〇名の者を率いてエジプトへ来たのに、今やおまえたちは六〇万以上になっているのだ。

おまえたちに告げるが、わたしはおまえたちの安寧と、（アマラメースよ、）とくにおまえ個人のよき評判を見守っている。

その子の出生にエジプト人が恐怖を感じ、そのためイスラエール（イスラエル）人から生まれてくる子は（ひとり残らず）殺戮するような命令まで出させたのは、実はおまえが生む子なのだ。しかしその子は、彼を殺そうと監視している人びとの目を逃れ、驚くべき仕方で育て上げられ、ヘブルびとの種族をエジプト人の束縛から解放し、（その名は）全世界がつづくかぎり、ヘブルびとの間ばかりでなく外国人の間でも忘れられないものになる。

わたしがおまえと、おまえの子孫におくる恩恵はこのようなものである。またその子には兄弟が生まれ、その子とその子孫も恵まれ、代々（大）祭司職につくだろう。』」（二・二一四―二一六）

冒頭に置かれる「そうだ。……おまえたちが不敬だと呼ばれても仕方があるまい」の一文は、最初の父祖のアブラハムへ与えた神の恩恵的行為を列挙する話の流れを今一度ここで強調するものになりますが、実はこの一文は、『古代誌』のラテン語版には見られないものなのです。この一文はラテン語訳の訳者が使用したヨセフスのギリシア語訳にはなかった可能性が高いものとなります。

ここでヨセフスは神の言葉を創作します。大胆です。大胆すぎます、と指摘したいのですが、ヨセフスはすでに創世記の再話でも神の言葉を創作し、これから先でも彼は神の言葉を創作したり、修正を施したりしますので、みなさん方はそれに驚いたりはしないでください。

神の言葉の創作。

わたしはすでに『異教徒ローマ人に語る聖書』において「神の言葉の創作行為」が可能であった理由として、ヨセフスが著作していた紀元後の九〇年ころには、聖書の中の諸文書がまだ完全には正典文書化されていなかったことを挙げておきました。確かに、ヨセフスは『アピオーンへの反論』一・二八の中で、正典文書の数を「二二冊」と特定しており、それから判断すると、ユダヤ人の聖書（すなわちキリスト教徒が新約聖書を区別するために旧約聖書と呼ぶもの）はすでに正典化への道を歩みはじめていたかのような印象をわたしたちに与えるのですが、当時のユダヤ人の間の聖書の「正典化」とは、どの文書を価値あるものと見なすかについての「緩《ゆる》やかな合意」にすぎないものであることを覚えておいてください。「緩やかな合意」である以上、ヨセフスはその内容をいじくったり創作したりすることができるのです。ここがキリスト教徒の「正典」理解とは異なるところです。キリスト教徒は「正典化」された文書をいじくることはしません。彼らにとってそれは恐れ多いことなのです。

脱線から戻ります。

アムラムは夢から覚めますと、妻のヨケベドに夢の内容を語ります。アムラムの妻の名は出エジプト記二・一ではまだ登場しません。同書六・二〇に「アムラムは自分のおばであるヨケベドを妻に娶った」とあり、そこにおいて彼女の名がはじめて登場するのです。ヨセフスはヨケベドの名前をそこから引き出しますが、さすがにアムラムとヨケベドの関係には触れておりません。レビ記一八・一二―一三がおばとの結婚を禁じていることや、出エジプト記のギリシア語訳もこの箇所の記述に当惑して、ヨケベドをアムラムの「いとこ」に改めております。都合の悪いことは改変する、これも「正典化」の過程が「緩やかな合意」にすぎないものであること物語るひとつの挿話です。

第2章 モーセの誕生

モーセの誕生

さてここで、後になってモーセと呼ばれる男子の誕生です。

出エジプト記二・二は「女は身ごもると、男の子を産んだ」としか言っておりませんが、もちろんここでの「女」は、前章で述べたように、レビ族の男（アムラム）が見初めた同じ部族の女（ヨケベド）です。

ヨセフスによれば、アムラム（ヨセフスの読みではアマラメース）の妻ヨケベド（ヨーカベレー）は不安材料一杯の中で出産いたします。「彼女ははげしい陣痛を伴わなかったために静かに分娩することができ、その結果、うまく監視の目を逃れることができた」（二・二二八）そうです（図5）。

無痛分娩という言葉があります。

本当に無痛で出産できるのか、わたしは日頃「無痛分娩」という言葉がもたらす響きを怪しいもんだと思っておりますが、ヨケベドはそれに近い状態で嬰児を産んだとされております。ここでのヨセフスの一文は、静かな分娩は監視の目を逃れさせるものになったことを示すと同時に、嬰児が出産のときから、すなわち、「歴史に登場するときから」、神の特別の恩寵のもとに置かれていたことを暗に示唆いたします。後の時代の六世紀になって編纂されたユダヤ教側の文書『バビロニア・タルムード』の「ソター」一二aも同じことを言っておりますが、ヨセフスがここで「神の摂理により、彼女ははげしい陣痛を伴わなかったために……」と書かなかったのは不思議です。「神の摂理」（プロノイア・トゥー・テゥー）は彼の特愛の言葉で、歴史の中で活躍することになるモーセを歴史に登場させるときに使用しておかしくないものだからです。

モーセ、ナイル川へ捨てられる

出エジプト記二・二以下によれば、アムラムとヨケベドの二人は誕生したモーセを三か月の間隠し育てますが、それ以上は無理だと悟ると、パピルスでつくった籠の中に嬰児を入れてナイル川に流し

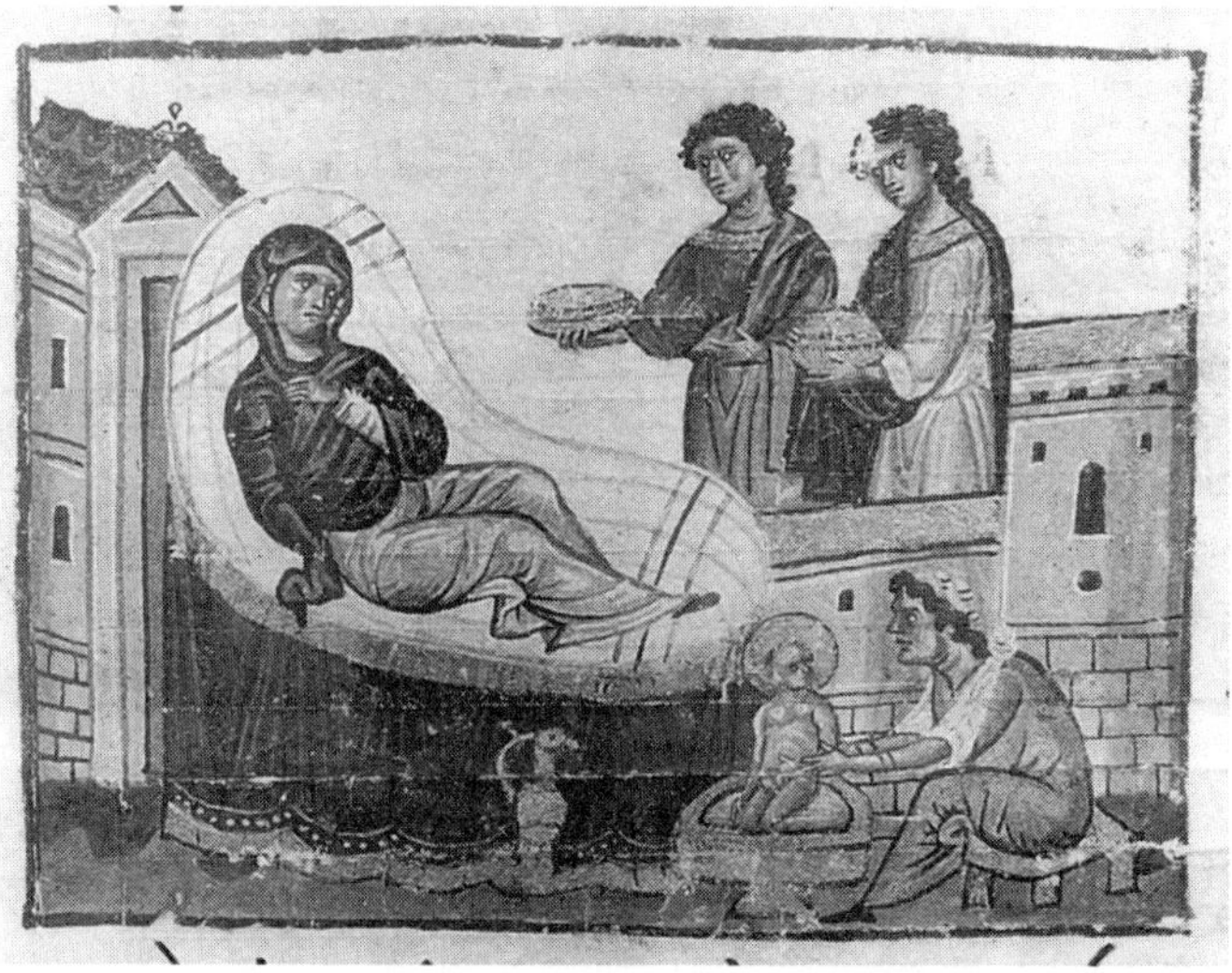

図5●「モーセの誕生」

たそうです。もちろん、籠が途中で沈まぬようそれにアスファルトとタールが塗られたとあります（図6）。

ここでの出エジプト記は説明不足の感がいなめません。ヨセフスは出エジプト記の舌足らずの所を次のように述べて補います。

「二人は三か月の間、人目をしのんで、（その子を）自分たちのもとで育てた。しかし、それから間もなくするとアマラメース（アムラム）は、ことが露顕して王の怒りを買い、子供ともども自分までも命を失うことになって（せっかくの）神の約束もあだに終わるのではないか、と心配した。そこで彼（アムラム）は、偶然の成功をあてにして、そのため人目を避けて育てている子供だけでなく自分にも危険を招きかねないことをするよりも、その子の救いと保護を神の手に委ねようと決心した。」（二・二一八―一九）

モーセの両親がわが子の「救い」（ソーテリア）を神の手に委ねたことは、その先の二・二二一でも今一度強調されます。神の摂理のもとにこの世に生まれてきた子は、危難のときには、神の手に委ねなければならないのです。出エジプト記はそれへの洞察を欠いているので、わたしが「説明不足」「舌足らず」と言ったわけです。

嬰児の姉がここで突如登場いたします。

図6●「川に流されるモーセと救出」（上段)、「テルムーティス、モーセを父のファラオに紹介」（下段)

出エジプト記二・四によれば、姉は「遠くに立って、（籠の流れて行く先が）どこかとその様子を窺っていた」そうですが、ただ棒立ちになっているだけでは消極的です。ヨセフスはここでも、アムラムとヨケベドの場合と同じように、出エジプト記ではまだ伏されている姉の名前ミリアム（ヨセフスの読みではマリアメー）を出しながら、「その子の姉のマリアメーは、母の命令で、籠の行方を見定めようと、その後を追って堤の上を進んだ」（二・二二一）といたします。ここでは「母の命令」が母ヨケベドの不安を浮き彫りにし、さらにマリアメーが籠の「後を追って堤の上を進んだ」が、母の不安を背にした姉の不安をも際立たせます。

ヨセフスは嬰児の川からの救いの物語の展開に移行する前に、次のように申します。

「ここで神は再び次のことを示された。すなわち人間の知恵は浅はかなものであること、しかし神が成就されようとするいっさいのことは目的どおり完全に成し遂げられること、また自分が助かるために他人に破滅を宣告する者は、どんなに大きな努力を払っても目的は完全に失敗し、他方、神の意思に委ねて危険を賭す人は、思いがけない（奇跡的な）出来事によって救われ、ほとんど死地とも言うべき不幸のどん底から成功を勝ち得ること等である。

こうしてこの嬰児を見舞った運命もまた、神の力を示すことになった。」（二・二二二―二二三）

わたしたちはすでに『異教徒ローマ人に語る聖書』の何章かで、ヨセフスが創世記の物語を再話するときに、ユダヤ戦争が紀元後七〇年に終わってすでに二〇年も経ているのに、そのトラウマをいまだ引きずっている事例をいくつか紹介しましたが、ここでの一文にもそれが認められます。

ここでヨセフスが言う「自分が助かるために他人に破滅を宣告する者」とはだれのことでしょうか？

戦争が終わって二〇年以上も経過してからローマに乗り込んできて、戦争中のガリラヤでのヨセフスの行状を告発した人物がおります。「ティベリアスのユストス」と呼ばれる男です。ヨセフスがこの『古代誌』全二〇巻を完成させて急遽それに付録という形で、『自伝』を書いて反論した相手です。この人物は明らかにヨセフスにたいして「自分が助かるために破滅を宣告した者」なのです。そしてその一文との関連で言えば、「神の意思に委ねて危険を賭す人……」とは、ほかならぬヨセフスでもあるのです。ここでの一文は、まだ存命中のユストスへのメッセージが込められていると申し立てることもできます。彼の目にこの一文がとまるのをヨセフスは期待しているのです。

嬰児、流れから救い上げられる

出エジプト記二・五以下で語られている物語、すなわち葦の籠に入れられた嬰児がナイル川に下りてきて水遊びをしようとしたファラオの娘に拾われた話はよく知られておりますが、そこに登場するファラオの娘の名前は知られておりません。知られていない場合で、物語に「もっともらしさ」(「事実っぽさ」ないしは「史実っぽさ」)を付与したければ、娘の名前をつくり出すしかありません。ヨセフスはそれを行います。もちろん、彼はこの名前を無からつくり出したのではないかもしれません。彼はヘーリオ・ポリスにあるエジプトの神殿を訪ねたときに(『異教徒ローマ人に語る聖書』の第一章の「ローマへの船旅」参照)、そこのエジプト人祭司からエジプト側に伝わる伝承の中でファラオの娘の名を聞いていたのかもしれません。ちなみに、旧約偽典文書のひとつヨベル書四七・五では、ファラオの娘の名は「タルムテ」です。四世紀のエウセビオスが書き残した『福音の備え』九・二七によれば、ヘレニズム時代の物書きアルタパノスは娘の名前を「メルリス」としております。『バビロニア・タルムード』の「メギラー」一三aは、彼女の名を「ビトヤー」としております。

ヨセフスは、ファラオの娘の名を「テルムーティス」として——本書のラテン語訳ではテルムスです——彼女を物語にデビューさせます。

「王にはテルムーティスを呼ばれる娘がいた。彼女は(たまたま)川の土手で遊んでいたが、流れてくる籠を見つけると、それを自分の所へもってくるよう泳ぎのできる者たちを送り出した。」(二・二二四)

そうです。ところでこの一文には、注意深い読者であれば、「おやっ」と思われる箇所があるはずです。

お分かりになるでしょうか？

出エジプト記二・五によれば、ナイル川の川上から流れてくる籠を川に入って取ってきたのは、ファラオの娘に仕える「侍女」（単数形）です。籠は川岸近くの葦の茂みに行く手を遮られていたようで、それならば、侍女でも茂みの所まで無事に行けますが、出エジプト記二・三によれば、籠は最初から葦の茂みの間に置かれております。これでは下流まで流れていくのかと物語を読む者は気をもみますが、モーセの姉が籠の「後を追った」とするヨセフスの再話は、籠が葦の茂みの迷宮から抜け出て葦のない所を何の支障もなく川上から川下へと流れつづけているイメージを本書を読む者や聞く者に植え付けるものとなります。もし籠が葦の茂みの中でなく、川の真ん中辺りを流れるのであれば、それを取ってくるのは侍女にとっては危険すぎます。ヨセフスは侍女とするのではなく、男性形（複数形）の「泳ぎのできる者たち」とします。ここでの「泳ぎのできる者」を表すギリシア語はコリュンベーテースですが、このギリシア語の原義は「素潜りのできる者」です。ヨセフスはなぜ侍女から「泳ぎのできる者たち」「素潜りのできる者たち」に改めたのでしょうか？

ヨセフスはナイル川がその川岸を離れた所から水深のあるものになることを知っていたのであり――わたしはすでに『異教徒ローマ人に語る聖書』の第一章で、ヨセフスがナイル川下流のデルタ地帯を知悉《ちしつ》していることを強調しておりますが――、出エジプト記の記述に不自然さを見て取っていたのです。テクストに見られる記述の不自然さを正し、それこそ流れのよいものにするのは物語を再話する者の務めですが、そのためには豊かな知識と想像力が問われるのです。

新手のお手当て詐欺？

出エジプト記二・六以下によれば、ファラオの娘は籠の中で泣いている嬰児を見て「これは（きっと）ヘブルびとたちの赤ちゃん（のひとり）よ」とつぶやいて不憫に思っているところに、嬰児の姉がやって来て、「あなたさまのために乳母を呼んでまいりましょうか？」（二・七）と申します。絶妙なタイミングです。ファラオの娘は即同意し、乳母には手当てまではずむと約束するのです。嬰児の姉は母親を連れてきます。彼女は嬰児を産んだばかりですから、母乳は放物線を描いて出ます。母親は嬰児が成長してファラオの娘に引き取らせるまで「お手当て」をもらいながら育てることになります。

これって新手の「お手当て詐欺」？

だれでもが困惑する記述です。ヨセフスも困惑します。使徒言行録の著者も困惑しているようです。その証拠に彼は、ファラオの娘が嬰児を「自分の子として育てた」（七・二二）とは書くものの、ファラオの娘からの「お手当て」には触れておりません。

ヨセフスは「お手当て詐欺」に至るまでの過程を少しばかり複雑なものにします。彼はまず、ファラオの宮廷でファラオの娘に奉仕していると思われるエジプト人の女性を登場させ、次のように述べます。

「さて、テルムーティスは、その嬰児に乳を与えるためにひとりの女を連れて来させた。しかしその子は乳を飲むどころか、顔を背けた。それは(他の)多くの女たちの場合も同じだった。ところがそのときたまたま女たちのところへやって来たマリアメー(ミリアム)は、明らかに何の意図もなく、たんなる思いつきから、次のように言った。『王女さま、この子と血のつながりのない女たちを召して(いくら)乳をやれと命令してもむだでございます。ヘブルびとの女を召されるなら、この子も同じ種族の女の乳だから飲むかもしれません。』

彼女の言葉はもっともなことと思われた。そこで王女は彼女に、どうかその役を引き受けて乳母を見つけて来るようにと頼んだ。そこで彼女は王女の頼みを利用し、(家へ帰ると)だれにも知られていない彼女の母を伴って戻ってきた。すると嬰児はもとどおりに元気になって、乳母にしがみついた。そして王女の懇願にしたがい、彼女の母親は、将来にわたっていつまでも、その子の養育にあたることになった。」(二・二二五―二二六)

ここでヨセフスが言及する「ひとりの女」は、そうとは書かれておりませんが、エジプト人の女で、ファラオの宮廷で奉仕する女です。次の「多くの女たち」もそうでしょう。最近出産したばかりで乳がまだ張っている侍女たちです。ところがヨセフスの再話によれば、乳を与えようとする侍女たちにたいして嬰児は、「乳を飲むどころか顔を背けた」というのです。顔を背ける嬰児の振る舞いは尋常ではありません。好きなものは好き、嫌いなものは嫌いの明確な意思表示です。しかし嬰児が乳を飲まなければぐったりです。ファラオの娘は慌てます。ヨセフスはここで嬰児の姉を登場させるのです。

彼は次のように申します。

「ところがそのときたまたま女たちのところへやって来たマリアメー（ミリアム）は、明らかに何の意図もなく、たんなる思いつきから次のように言った。『王女さま、この子と血のつながりのない女たちを召して（いくら）乳をやれと命令しても、むだでございます。ヘブルびとの女を召されるなら、この子も同じ種族の女の乳だから飲むかもしれません』と。」（二・二二六）

ヨセフスはここで「たまたま……明らかに何の意図もなく、たんなる思いつきから」と偶然性を強調することで、嬰児の姉の登場を自然なものにしたばかりか、そこでの彼女の振る舞いをも自然なものとします。その結果、彼女が戻って連れてくる母親がお手当てをもらっても不自然ではない状況がつくり出されます。

ヨセフスはつづけます。

「彼女の言葉はもっともなことと思われた。そこで王女は彼女に、どうかその役を引き受けて乳母を見つけてくるようにと頼んだ。そこで彼女は王女の頼みを利用し、（家へ帰ると）だれにも知られていない彼女の母を伴って戻って来た。すると嬰児はもとどおりに元気になって、乳母にしがみついた。そして王女の懇願にしたがい、彼女の母親は、将来にわたっていつまでも、その子の養育にあたることになった。」（二・二二七）

これならば、ヨセフスの再話に耳を傾ける者たちも納得です。「お手当て詐欺」の疑惑も、少しばかりとは言え、霞むというものです。

モーセの名の由来

ヘブライ語出エジプト記二・一〇によれば、ファラオの娘は「わたしは彼（嬰児）を引き上げた（マーシャー）のだから」と言って、嬰児を「モーシェ（モーセ）」と名付けたそうです。わたしはすでに『異教徒ローマ人に語る聖書』の随所において、ヘブライ語創世記は古代世界における言葉遊びの書であると指摘しており、言葉遊びの翻訳くらい難しいものはないと嘆いてみせましたが、ここでもそうです。ギリシア語訳の同掲箇所は「彼女は『わたしは彼を水の中から引き上げたのだから』と言って、彼をモーセ（モーセース）と名付けた」と訳しておりますが、言葉遊びの面白さはナーンも伝わってきません。新共同訳はナイ知恵を珍しく絞って、訳文の中に「マーシャー」を挿入しておりますが、それならばモーセの後に括弧で（モーシェ）を入れるべきだったと思われますが、それをしておりません。岩波版はその註で、そこで使用されている名詞と動詞の間の語呂合わせを指摘しております。

ヨセフスはどうでしょう？

彼は次のように言うのです。

「王女はこの一連の出来事から、その子が川に浸っていたことを思い出して、それにちなむ名を与えた。すなわちエジプト人は水をモーウ、水から助け上げられた者をエセースというが、王女はこの二つの言葉を合成して、彼の名にしたのである。」（二・二二八）

ヨセフスはここで出エジプト記に見られる語呂合わせを拒否しているように見えます。実際彼はここにおいてばかりか『アピオーンへの反論』一・二八六でも、モーセがオサルシフォスと呼ばれていたと申し立てるマネトーンの言説に論駁して「モーセという名は、実は、〝水の中から助けられた人〟を意味する。なぜなら、エジプト人たちは水を〝モーウ〟と呼んでいるからである」と言っているからです。ヨセフスの同時代人であるアレクサンドリアのフィロンと呼ばれる五書の註解者もその著作

『モーセの生涯について』一・四（一七）で、「彼は水から引き上げられたので、王女はそれにちなむ名を与えモーセースと呼んだ。というのもエジプト人は水をモーウと言うからである」と述べております。ヨセフスもフィロンもモーセの名を分解し、彼の名前の前半部分に「引き上げた」の要素ではなくて、「水」の要素を見ているのです。

ヨセフスやフィロンが新たな語源的解釈をしていることは重要ですが、語源的解釈を施すには多分二つの理由があったと思われます。ひとつはもちろん、ヨセフスの再話を聞く者や読む者たちの知的好奇心を満足させることにあったでしょうが、ひとつは語源的な説明を行える者は知的な人びとであると見なされていたからでしょう。たとえ、その語源的な解釈や説明が妥当なものでなかったとしてでもです。ひとつのよく知られている例を挙げます。アリストテレスは『メテオロロギカ』一・一四で、「グライコス」という言葉をギリシア人を意味する「ヘレネス」と同義語として使用した最初の人ですが、彼はそのさいもっともらしい語源的説明を施し、グライコスは本来イリュリアびとによってエピルスのドーリアびとを指して使用された名前であり、エピルスの住民の名前「グライイ」に由来すると述べて、彼の話を聞く者を煙にまいております。もちろん現代の言語学者はこのような語源的説明を受け入れてはおりませんが、語源的説明はしばしば物語の再話者が試みるものです。

モーセの頭のよさと容貌の美しさ

出エジプト記は少年時代のモーセについては何も書いておりません。いきなりポーンと飛んで、「多くの日数が経って大人になると、モーセは自分の同胞たちであるイスラエルの子らのもとに出かけて行った」(二・一一)と言うだけです。使徒言行録七・二二─二三は、「そしてモーセはエジプト人たちのすべての知恵でもって教育を受け、その言葉と働きにおいて力強かった。四〇歳になったとき、彼は自分の兄弟たちであるイスラエルの子らを助けようと思いが彼の胸をよぎった」(私訳)と、モーセの活躍する年齢を「四〇歳」と創作しておりますが、モーセの少年時代については何も触れておりません。しかしながら、それでは話が飛びすぎます。飛びすぎるときはそこまでの空白期間を想像力でもって埋めねばなりません。それは再話者の務めです。

ヨセフスはすでに先行する箇所(二・二二四)で、ファラオの娘が葦の籠の中に入っていた「嬰児の見目形のあまりの美しさに、ひと目ですっかり魅了されてしまった」と述べておりますが、モーセの幼少時代を描くヨセフスはそこでの記述を忘れてはおりません。

彼は次のように言います。

「彼の理解力の発達は、身体の発育に伴うのではなく、同年の者の標準をはるかに抜いていた。彼の慎重な大人じみた特質は遊びのときに（よく）発揮されたが、そのころの行動にはすでに、成人後の彼がなした大きな功業を約束するものがあった。

三歳になると、神の意思により、彼の身体的発育はめざましいものを見た。モーセース（モーセ）をひと目見た者はみな彼の器量のよさに打たれ、その美しさを話題にした。そして、公道を歩いている彼に出会った人が、そのかわいらしい容貌にしばらく見惚れて、大事な仕事を忘れてしまうことがしばしばあった。まことに、この子の完璧ともいうべき純粋な魅力は、それを見る者たちにとって蠱惑的だった。」（二・二三〇―二三一）

冒頭に「彼の理解力の発達は……」とあります。「理解力」を意味するギリシア語はスュネシスです。このギリシア語は、『古代誌』の中だけでも三〇回以上は使用されております。ヨセフス溺愛の、いや特愛の言葉のひとつです。『異教徒ローマ人に語る聖書』ですでに触れましたが、このギリシア語は「一を聞いて一を知る」理解力を指すのではなく、「一を聞いて十を知る」頭の回転のよさを示す言葉です。モーセの理解力は「身体の発育に伴うのではなく、同年の者の標準をはるかに抜いていた」というのですから、彼はまさしく「神童」です。それ以外の何者でもありません。神童はよく「二十歳すぎればタダの人」と憎まれ口を叩かれたりしますが、ヨセフスはその種の憎まれ口を知っていたかのように、モーセは長じて「全ヘブルびとの中で最高の人物であったことをすべての人が認める」（二・二三九）人物になったことを強調します。そしてまた彼は、先に進んで見る燃える茨の中から発せられた神の人語に、エジプトの地で苦しんでいる同胞たちをそこから導き出せるのは彼の「頭脳」（スュネシス）だと言わせております。モーセの頭の回転のよさは生涯にわたるものだったようです。ここでもご注意願いたいのは、ヨセフスがモーセの頭の回転のよさをモーセのそれと比しているように見えることです。ヨセフスは『自伝』八―九で、臆面もなく自分の少年時代のことを次のように言っているからです。「わたしは、わたしの実の両親から生まれた、名前をマッティアスという兄弟と一緒に教育を受けた。勉強はよくでき、すぐれた記憶力と理解力とで評判となった。まだ少年だった一四歳のころ、わたしの学問にたいする情熱はすでにだれひとり知らないものはないぐらいに有名となり、大祭司たちは町の指導者たちが、わたしたちの掟についてより正確な知識を得るために、あい連れだってしばしばわたしのもとにやってきた」と言っております。ここでの「理解力」はモーセと同じ「頭の回転のよさ」、スュネシスです。

ヨセフスは次にこの神童の容貌の美しさを繰り返し語ります。

使徒言行録七・二〇は、モーセが「神の目に適った美しい子であった」（新共同訳）と言っておりますが、ここでの訳文には問題があるように思われます。ここで使用されているギリシア語アスアテイオスに「美しい（子）」の訳語を与えることができないからです。わたしでしたら「神にとって申し分ない（子）であった」（カイ・ヘーン・アスティオス・トイ・テオイ）と訳します。幼子モーセの美醜に関係しない訳文となります。余計なことを申しますが、新共同訳聖書はタタミの埃と同じで、叩けば叩くほど埃が舞い散ります。それを承知の上で、この聖書を使用すべきでしょう。

後の時代のユダヤ側の文書のひとつ『ミドラシ・ラバ』出エジプト記二・一〇は「ファラオの娘は……もはや彼（モーセ）を王の宮殿から出て行かせるようなことはしなかった。というのも彼が美しく、すべての者が彼を（ひと目）見たがったからである。そして、（事実）彼を見た者は（すっかり）見惚れてしまうのだった」と述べております。ここでの強調はそれなりに興味深いものですが、それでもそれは、ヨセフスの強調にかなうものではありません。

では、なぜヨセフスはこうまでして「容貌の美しい」神童モーセを演出しなければならなかったのでしょうか？

いろいろな理由が考えられるでしょうが、その理由はおのずとひとつの方向に収斂されるはずです。それは「モーセ＝レプラ患者」説の否定です。先に行って繰り返し見るように、ヘレニズム・ローマ時代の世界では、「モーセはレプラ患者であった」とか、「モーセはレプラ患者の集団を率いて出エジプトを試みた人物である」と声高に、あるいは声をひそめて言われていたからです。ヨセフスは異教徒たちが共有するモーセについての否定的なイメージを根本から覆してみせねばならなかったのです。そのためにはモーセの容貌の美しさを必要以上に強調しておかねばならなかったのです。

幼児モーセとファラオ

ヨセフスの創作はまだまだつづきます。

読む者を引きずり込み、聞く者の耳をそばだたせる魅力ある創作です。

出エジプト記二・一〇は、嬰児モーセが「大きくなったとき」、ファラオの娘は彼を引き取って彼女の養子にしたと報告しますが、それ以上のことは何も言っておりません。「大きくなったとき」の意味は曖昧です。ギリシア語訳では「成長したとき」ですが、こちらの意味も曖昧です。二歳のときでしょうか？　三歳のときでしょうか？　一〇歳のときでしょうか？　一八歳のときでしょうか？

そのときの年齢はともかく、なぜファラオの娘はモーセを養子にしたのでしょうか？

出エジプト記はその理由を説明いたしませんが、ヨセフスはファラオの娘が「子宝に恵まれなかった」（四・二三二）不妊の女といたします。フィロンも『モーセの生涯』一・一三で、「その国の王にはただひとりの愛娘がいた。彼女は――人びとの語るところによれば――すでに結婚して久しかったが、子宝に恵まれなかった。彼女は父の王国を継いでくれる男子をとくに熱望していた。もし娘が父のために孫をもうけなければ、王国は他国人に渡ってしまう危険があったからである」と申しております。

出エジプト記の記述は曖昧さを伴うもので、ファラオの娘がある期間父に内緒でモーセを養育していたかのような印象を読む者に与えますが、宮廷内での出来事としてはそれはいかにも不自然です。早晩父親のファラオに養育のことが知れてしまうからです。聖書物語を再話するヨセフスの仕事のひとつは、すでに述べたように、物語の流れの中の不自然さを取り除くことです。それが取り除かれて、それが聞く者や読む者を納得させるものになった場合、それは伝承となり「口から口へ」と伝えられ、他の再話の中に入り込むことがあります。ユダヤ教の伝統に見る聖書の再話物語の面白さのひとつは、彼らがどのようにして聖書物語の記述の不自然さに立ち向かったかにもとめられるものです。

ヨセフスは次のよう言います。

長いので二つに分けて紹介します。

「子宝に恵まれなかったテルムーティスが養子と定めたのは、実にこのような子であった。ある日、彼女はモーセース（モーセ）を父のもとへ連れて行き、二人を会わせてこう言った。

『（父上、）わたしに嫡出の男子に恵まれないのが神のご意思であれば、わたしは（この子を父上の）後継者にと考えました。わたしは、天与の美しさと高貴な精神をもったこの子を育ててまいりました。わたしは（まことに）不思議な仕方で、この子を川からの恵みとしていただきました。わたしはこの子を自分の子にし、父上の王国の後継ぎにさせたいと願っております。』

こう言い終わると、彼女はその子を父の手にわたした。父は愛情を込めてしっかりと彼を抱きしめた。そして娘の機嫌をとろうと、（彼をおろして）王冠をその子の（頭）上においた。するとモーセースは王冠をもぎとり、あどけない仕草であったがそれを地面にたたきつけ、両足で踏みつけてしまった。

この出来事は王国に異変の起こる凶兆と考えられた。この光景を目撃した神殿書記――彼は、この子の出生によってエジプトの王国が転覆すると予言していた――は、次のような恐怖の声を上げながら、モーセースを殺そうと襲いかかった。

『王よ、この子でございます。われわれの不安を取り除くために殺さねばならぬと神が宣告されたのは、この子のことでございます。しかもこの子は、陛下の王権を侮辱し、王冠を足で踏みつけるという所業によって、先の予言の間違いないことを証ししました。

この子を（今すぐ）殺してください。そしてこの子にたいする恐怖からエジプト人を救ってください。また彼が与えている希望をヘブルびとから奪い去ってください。』

しかし、テルムーティスの行動は彼よりもすばやく、モーセースを奪い返した。王も躊躇して彼を殺しそびれてしまった。王がそのとき躊躇したのは、摂理によってモーセースの身の安全を守っておられる神がそのように仕向けられたからである。」（二・二三二―二三六）

幼子モーセは、自分の父となるファラオの前で、非常にエクセントリックな振る舞いをします。ファラオの王冠を「地面にたたきつけ、両足で踏みつけてしまった」というのです。ヨセフスはこの過激な行為に「あどけない仕草」をかぶせますが、この振る舞いは明らかに王によって代表されるエジプトの王国やエジプトの民族を侮辱ないしは否定する行為です。ヨセフスはここでもまだマネトーンらの反ユダヤ主義者の存在を意識しているかもしれません。「あんたたちが否定してみせたモーセであるが、彼は幼子のときすでにあんたたちエジプト人を否定していたのだ」というわけです。

後半部分をつづけます。

さてモーセースは、最大の心遣いをもって育てられた。ヘブルびとは彼に自分たちの将来について最高の希望を託し、一方エジプト人は、彼の成長を不安をもって見守った。たとえ王が彼を殺したとしても、養子その他の縁者の中には、賢明な洞察力でエジプト人の将来の利益のために働いてくれるような人物が見あたらなかったので、彼らは彼の殺害を差し控えたのである。」（二・二三六―二三七）

「身の安全」（ソーテリア）は神の摂理によって守られる。

この考えないしは思想は、対ローマのユダヤ戦争を生き延びたヨセフスのものです。彼は実際、今ここで無事に生かされているのは神の摂理によると考えるに至っておりますが、実は『自伝』の中での彼は、ローマに向かう途次の難破した船から救われたのは「神の摂理」によると言っているのです。

わたしには、これは神の摂理の乱用ではないかと思われるのですが、それはともかく、ここで少しばかりこの摂理（プロノイア）について議論すれば、このプロノイアというギリシア語の名詞は「（ことが起こる）前に知る」を意味する動詞プロノエオーに由来するものです。神は恐怖の声を上げた神殿書記が次に起こす行動をあらかじめ知っていて、ファラオの娘テルムーティスにいったんは神殿書記に奪い取られた幼子モーセを奪い返させるのです。

ヨセフスが幼子モーセが父に紹介される場面に神殿書記を登場させたのは賢明です。なぜならば彼は、すでに見てきたように、この物語の再話部分の冒頭二・二〇五で、神殿書記を「将来のことを語るすぐれた能力をもっていた」と述べて再話にデビューさせていたからであり、ヨセフスは読者や聞き手に彼の存在を思い起こさせるためにここでも「彼は、この子の出生によってエジプトの王国が転覆すると予言していた」と言うのです。

捨て子伝説について

「モーセの誕生」と題したこの第二章を締めくくるにあたり、「捨て子伝説」を紹介して、水から救われた神童モーセの誕生物語に水をかけておきたいと思います。

ギリシア神話やローマ神話は、一般に生まれ落ちた子が捨てられ、意想外な仕方で救われ、育てられ、長ずるにおよんで英雄（王や建国者）になった人物にこと欠きません。

最初にホメーロスなどで読むギリシア神話です。

ギリシア神話の中には、牝鹿や、牝馬、牝山羊、牝熊などの乳を飲みながら成長した英雄がおります。その例を思いつくままに列挙いたします。テレポスです。ペリアスとネレウスです。アイギストスです。

テレポスは、ヘラクレスとアレウス王の娘アウゲとの間の子として生まれましたが、一説によるとナウプリアの王によって母と一緒に箱に入れられて海に捨てられました。他の説によると、彼はパルテニオン山に捨てられ、牝鹿に乳を与えられて育ち、後になって羊飼いに発見されたそうです。

ペリアスとネレウスは、ポセイドンとサルモネウスの娘テュロスの間に生まれた双子の兄弟ですが、二人は幼くして籠に入れられて捨てられ、馬飼いに発見されて育て上げられます。

アイギストスは、テュエステスとその娘ペロピアの間の不義の子です。彼はミュケナイにあるアトレウスの宮廷で生まれますが、生まれ落ちるとすぐに母のテュロスに捨てられて牝山羊に育てられます。

オイディプスは、生まれ落ちるとキタイロン山中に捨て去られ、テーバイの羊飼いやコリントスの羊飼いに養われ、最後は子のないコリントスの王ポリュボスの養子となり、テーバイの王となります。

パリスはトロイアの王プリアモスとその妻ヘカベの間の子です。彼は生まれ落ちると山中に捨てられ、牝熊によって乳を与えられますが、捨てられた彼を見て同情した羊飼いに育てられます。彼が驚くほどの美男に成長したのはよく知られております。

ヨセフスの聴衆や読者の中には、彼が語るモーセの誕生物語を聞いてギリシア神話やローマ神話に見られる「捨て子伝説」を思い浮かべる者も多かったと思われますが、出エジプト記に見られるモーセの捨て子伝説は、基本的には、ギリシア神話やローマ神話のそれに淵源するのではなくて、アッカド王サルゴン（図7）の「捨て子伝説」に淵源すると見た方が自然なようです。二つの伝承の間には

図7●サルゴン王

類似があるからです。それに注目した学者は大勢おりますが、そのひとりはアメリカの有名な比較神話学者であり比較宗教学者でもあったジョセフ・キャンベル（一九〇四―八七）です。わたしはすでにサルゴンにまつわる捨て子伝説を『七十人訳ギリシア語聖書　出エジプト記』の註の中で紹介しておりますが、短いものなので、ここでも今一度紹介します。

「予は力ある王、アガデ（アッカド）の王サルゴンである。予の母は女神官だった。予は予の父を知らなかった。予の父の兄弟たちは丘陵を愛した。予の町はアズピラヌであり、それはエウフラテース川の岸辺にある。女神官である予の母は予を身ごもり、ひそかに予を産んだ。彼女はイグサで編んだ籠の中に予を入れると、瀝青で予の蓋を封印した。彼女は予の（身の丈）に達しない川に予を投げ入れた。川は予を支えて、予を水汲み人アッキのところに運んだ。水汲み人アッキは、彼の水差しを近づけて、予を取り上げた。水汲み人アッキは、彼の子として予を養育した。」（*Ancient Near Eastern Texts*, Princeton University Press, p. 119）

このヴァリアントをご紹介いたします。

「予はアガデの君主、大王サルゴンである。予の母は下賤な者だった。予は父のことを知らなかった。父の兄弟たちは丘陵の住人であった。予の都アズピラヌはエウフラテース川の岸辺にある。下賤な予の母は身ごもり、予をひそかに産んだ。予は燈心草でつくった籠に入れ、これを封印して川に流した。川は予を呑み込まず、支えてくれた。川は予を水汲み人アッキのところに運んだ。アックは予を川から拾い上げた。彼は予を自分の子として育て、予を庭師に仕立てた。そして予が庭師として働いているうちに、女神イシュタルが予を愛すようになった。それから予は王国を支配した。」(J. Campbell, *The Masks of God, Occidental Mythology*, New York and London, 1974, p. 73)

わたしたちは『異教徒ローマ人に語る聖書』で、創世記の創造物語や人類の誕生物語、洪水物語などがオリエントの世界で誕生した神話や口承などの影響を受けていることを見ましたが、ここでもその影響を見てとるのは容易なことです。わたしたちはモーセの誕生の真実を知らないのですが、ローマ人やギリシア人に向かってモーセ物語を再話するヨセフスにとっては、「彼の誕生物語の真実は分からない」とは絶対に言えない事柄だったのです。

第3章……成人後のモーセ

モーセ、人を殺し、ミディアンの地へ遁走

出エジプト記によれば、「成人後の」モーセが最初にしたことは殺人と死体遺棄でした。いやはや、とんでもない事件を引き起こしてくれたものです。もっともその後の彼の人生をも勘案すれば、これは殺人を犯しさらに死体遺棄の罪を犯しても民族の英雄になれるという歴史の上の喜ばしい事例となるものかもしれません。

出エジプト記二・一一―一五は、次のように書きます。わたしのギリシア語訳で読んでみましょう。

「多くの日数が経って大人になると、モーセは自分の同胞たち（である）イスラエルの子らのもとに出かけて行った。彼らの重労働ぶりを観察していると（図8）、彼は、ひとりのエジプト人が彼（モーセ）自身の同胞たち（である）イスラエルの子らの中のひとりのヘブルびとを打擲《ちょうちゃく》しているのを見た。彼はあたりの様子をきょろきょろと窺ったが、（他に）だれも目にしなかった。そこでエジプト人を撃ち殺すと（図9）、その死体を砂の中に隠した。翌日（また）出て行くと、彼は二人のヘブルびとの男たちが言い争っているのを目にした。

彼は間違ったことをしている方に言った。

『なぜおまえは隣人を殴るのだ？』

男は答えた。

『だれがおまえを、われわれの支配者や裁判官に立てたのだ？　おまえは、昨日エジプト人を殺したように、わたしを殺そうとするのか？』

モーセは怖くなってつぶやいた。

『さては、あのことは知られてしまったのか？』

ファラオはこのことを聞き知ると、モーセを殺そうと熱心に（彼を）捜した。モーセはファラオの前から去って、ミディアンの地で暮らした。……」

図8●「イスラエルの子らを撃つエジプト人たち」（上段）、「ファラオに直訴するイスラエルの子ら」（下段）
図9●「モーセ、監督官を撃ち殺す」

このギリシア語訳はヘブライ語出エジプト記と比較しますと、二、三の小さな箇所で異なりますが、全体の解釈に影響を与えるものではありません。

この記述には少しばかり合点のいかない箇所があります。

それはファラオがモーセの殺人を知ると、彼を「殺そうと熱心に捜した」という箇所です。

出エジプト記二・一〇によれば、モーセはファラオの娘の養子となっておりますから、ファラオはモーセの殺人事件を耳にしたとき、顔をしかめることがあっても、それを聞き流してやることもできたはずです。ファラオはエジプトの唯一無比の最高権力者だからです。ところがファラオはその権力を行使せず、身内の犯罪にたいしては「殺人には殺人」で臨もうとしているのです。もちろん、この厳罰主義はネポティズムを否定するものとなるだけに、好ましい決断と評価することもできますが、同時にそれはわたしたちに、ファラオと娘の関係はどうであったのかとか、ファラオとモーセの関係はどうであったのか、モーセは本当にファラオの娘の養子であったのか、モーセは本当に王宮で育て上げられていたのか、等々の問いを立てるよう迫ります。

出エジプト記のヘブライ語テクストであれ、そのギリシア語訳であれ、確かなことは、モーセが殺人を犯したことです。彼が死体を砂の中に遺棄したことです。彼がミディアンの地へ逃亡したことです。「殺人」と、「死体遺棄」と、さらに「逃亡」が加わる犯罪をモーセは犯してしまったのです。

さあ、どうするです。

頭を抱えたのはヨセフスです。

モーセをレプラ患者だったとか、追放されたエジプトのレプラ患者一行を率いて出エジプトを試みた人物と非難してやまないローマ世界の異教徒たちに向かって、ユダヤ民族の英雄モーセは、実は、殺人犯であった、死体遺棄犯であった、逃亡犯であったなどと再話することはできません。口が裂けても言えません。

ヨセフスはある状況を利用いたします。

彼の時代、出エジプト記を含む五書のギリシア語訳は完成されておりました。それらはすでにローマやアレクサンドリアで転写され、さまざまな版で出回っておりました。異教徒であるローマ人の知識人たちやギリシア語を解するその他の知識人たちは、それを読もうとすればできたはずです。しかし、幸いなことに、若干の例外はあったでしょうが、彼らの大半は、ユダヤ人共同体などが所有するギリシア語訳などは読もうとはしなかったのです。ヨセフスは彼らが出エジプト記を読んでいない状況を巧みに利用するのです。

ヨセフスは「犯罪の三点セット」を無視する作戦に出ます。

虚を突く作戦です。さすがです。ローマを相手に戦った戦争の指揮官の体験が生かされているのです。指揮官に必要なのは、虚を突いて大胆に敵陣に攻め込むことです。彼は出エジプト記の記述を無視し、代わりにエチオピア人のエジプト侵入物語を語るのです。この物語を紹介する前に、彼がどこで出エジプト記には書かれていないこの物語を採集したかについてお話しておきたいと思います。

わたしはすでに『異教徒ローマ人に語る聖書』の第1章で、ヨセフスの生涯をかなり詳しく語りました。「かなり詳しく」というのは語り足らない所が多々あったからですが、わたしはそこで、ローマからの帰途（六四年ころか）ヨセフスがアレクサンドリアから直接エルサレムに戻らず、ナイル川下流のデルタ地帯にあるユダヤ人共同体や、一大宗教都市ヘーリオ・ポリス、エルサレムの神殿を模したユダヤ人の神殿があるブーバスティス・アグリアなどを訪ねた可能性があると申し立てましたが、わたしの想像によれば、ヨセフスはデルタ地帯のユダヤ人共同体を訪問中に、あるいはヘーリオ・ポリスを訪問中に、あるいはブーバスティス・アグリアに滞在中に、「エチオピア人のエジプト侵入物語とモーセのエチオピアへの遠征物語」を聞いて、「これは面白いぞ」と採集したのではないでしょうか？　ここでのヨセフスは好奇心一杯のフィールドワーカー、ヘロドトス（前四八五年ころ—四二五年ころ）なのです。

多くのヨセフス学者はこの物語をアレクサンドリアで成立したものと想像し、長い物語の前半部分は紀元前二世紀のアルタパノスも伝えているところから（エウセビオス『福音の備え』九・二七）、ヨセフスはアルタパノスを使用したとか、いやアルタパノスを典拠としたのではなくアレクサンドロス・ポリュイストール（前一〇八—前四〇）の著作を典拠にしたのだとか、いやいやそうではなくてヘロデ大王の祐筆だったダマスコのニコラオス（前六四—？）の『世界史』を典拠にしたのだとか、これらの物書きたちが残した断片資料をもとにして想像しているわけですが、こう想像する研究者のだれひとりとしてヨセフス自身が、エジプトのナイル川のデルタ地帯につくられたユダヤ人共同体で採取したとは想像しないのです。不思議です。

それではヨセフスが直接採取したと思われるその物語を読んでみましょう。全体を四つの部分に分け、必要なコメントを付しながら紹介します。

エチオピア人のエジプト侵入

ヨセフスは次のように申します。

「モーセース（モーセ）は、既述のような仕方で生まれ、そして育った。彼は成人すると、エジプト人にたいしては徳（の神髄）を（遺憾なく）発揮してみせ、（ヘブルびとにたいしては）彼らの屈辱を（はねかえして）その地位を向上させるために生まれてきた人物であることを教えたが、それは次のような機会からだった。

（あるとき）エジプト人の隣人であるエチオピア人が彼らの土地に侵入して彼らの財物を略奪するという事件が起こった。憤慨したエジプト人たちは、そのような侮辱に復讐するため遠征軍を送ったが、戦闘では敗北を喫し、ある者は戦死し、ある者は臆面もなく逃亡して自分の国へ帰って行った。

一方、彼らをはげしく追撃したエチオピア人は、ここで全エジプトを制圧しなければ（かえって自分たちの）弱みを示すことになると考え、敵地深く、しかも広範囲にわたって侵入し攻撃をかけた。そして彼らは、（エジプトの）富を満喫した後も、（あえてその地を）撤退しようとはしなかった。しかも、最初の侵入をうけた（国境）付近の町々が、彼らに何ら抵抗しようとしなかったため、彼らは（やすやすと）メムフィスや海岸（地帯）にまで進出したが、彼らに反撃を加えうるような都市はひとつもなかった。

ところで、こうした災禍に見舞われたエジプト人が頼ったのは神託と占いであったが、そのとき彼らに与えられた神の勧告は、ヘブルびと（モーセース）を同盟者にせよ、というものだった。そこで王は、指揮官として起用するためにモーセースを引き渡すよう娘に申し渡した。

彼女は父から、モーセースに何の危害も加えないという誓約を得た後、このような同盟からは大きな利益が生まれると判断して、彼を父に引き渡すとともに、彼を敵として葬るようにと語ったにもかかわらず今や彼の支援を切望して恥じない（下賤な）神官たちに非難を加えた。」（二・二三八―二四二）

最初に翻訳上の訂正です。

冒頭に「エジプト人にたいしては徳（の神髄）を（遺憾なく）発揮してみせ……」とあります。ここでわたしが「徳」という訳語を与えたギリシア語はアレテーですが、今この一文を読み直してみますと、「徳の神髄を遺憾なく発揮して」はよく分からないものなので、「徳」を「武勇」に訂正したいと思います。アレテーに「武勇」の訳語を当てることはホメーロスを読んでいるときにその適切性を思い知らされ、またヨセフスでもとくに『戦記』などではその用例はごろごろしているのですが、わたしが「武勇」ではなく「徳」に引かれてその訳語を選択してしまったのは、アブラハムをはじめとしてユダヤ民族の父祖たちを「アレテーある人」とするヨセフスの記述の延長上で、モーセのアレテーを考えたからです。多分、いや間違いなくここでは、「徳」よりも「武勇」の訳語が適切でしょう。

さて、わたしは物語の第二パラグラフの冒頭部分を「あるとき」という言葉で補いましたが、この物語が民話の形式を踏んでいれば、あるいは採集時に民話に変形されていたのであれば、訳文の調子をがらりと変えて、「昔々、エジプト人の隣人であるエチオピア人が、彼らの土地に侵入して、彼らの財物を略奪する事件が起こったとさ」ではじめる必要があるかもしれませんが、それはともかくとして、この物語ではモーセは軍団の指揮官として登場いたします。面白いのは、ここでのファラオと彼の娘との関係です。彼の娘とモーセの関係です。

ファラオは自分の娘に、モーセをエジプトの同盟者として、またエジプト軍の指揮官として起用するために、モーセの引き渡しを要求しているのです。このことは宮廷でのファラオと娘の間の関係が必ずしも密なものではなかったことを示唆するものとなります。このことはまた、モーセが娘の庇護下に置かれていたため、ファラオとモーセの間には日常的な接触がほとんどなかったことを示唆するものともなります。娘は父親に、モーセに「何の危害も加えない」ことを誓約させた後、彼を父親に引き渡すのです。父親が娘からではなくて、娘が父親から「誓約」（ホルコス）を取り付けているのです。ファラオと娘の間には微妙な緊張関係が日常的に存在するのです。緊張関係が生まれたのは、娘がヘブルびとモーセを匿っていたからかもしれません。もしそうだとしたら、娘とモーセの間には――テクストのギリシア語を使用すれば――「シュンマキア」（同盟関係＝同士的関係）と称してもおかしくない不動の絆ができていたと想像しなくてはなりません。

もう一か所注意しておきたい箇所があります。

この一文の末尾に、ファラオの娘が、モーセを敵として葬るようにと勧告した神官たちに非難を加えたとありますが、ここでの神官たちと先に見た（第2章）、生まれてくるヘブルびとの男子をすべて殺害するようにと勧告した書記との関係はどうなのでしょうか？　第2章の話はこちらでの話に接続するのでしょうか？　もし接続するとしたら、ここでの話はこれから先まだまだつづきますから、全体は相当大きな物語単位であったと想像しなければなりません。

モーセの戦果

話はつづきます。

「さて、こうしてテルムーティスと王に召し出されたモーセース（モーセ）は、すすんでその命令を引き受けたが、そのことは両民族の神殿書記たちからも喜ばれた。

なぜなら、エジプト人（の神殿書記たち）はモーセースの武勇で自分たちの敵を打ち破ることができ、同時にまた、奸計を用いてモーセースを葬ることができると考えたからであり、他方ヘブルびと（の神殿書記たち）は、モーセースを指揮官としてエジプト人のもとから逃げることもできると予見したからである。

さてモーセースは、敵に接近を察知されないうちに奇襲をかけようと、軍を編成し、水路を利用せずに内陸部を通って進んだ。

それは彼の聡明さを証明するものであった。なぜなら、（内陸部の）道は、種々さまざまな蛇類が大量に棲息している地帯であるため、行進などとてもできないとされていたからである。すなわちそこには、その地方独自の、他ではまったく見られない、非常に強力で悪性の、異様な形をした蛇もおれば、なかには羽根をそなえていて、地上の潜伏地から（不意に）人を襲ったり、思いがけないときに空中から攻撃を仕かけ危害を加えたりするのもいた。

そこでモーセースは、被害を避けて安全に行進するために、驚嘆すべき策略を思いついたのである。すなわち彼は、パピルスの樹皮で大箱のような籠をつくり、それにトキ（イビス）を多数入れて携行したのである。

この生き物は、実は、蛇類にとっては恐るべき天敵だった。（通常）蛇どもは（トキの）攻撃を受ける前に逃げ出すが、そのさい（運悪く）つかまってしまうと、まるで雄鹿にでもつかまったかのようになって呑み込まれるのである（図10）。トキはふだんは従順な生き物であるが、蛇類にたいしたときだけは凶暴になるのである。もともと、ギリシア人もトキの性質については不案内ではないので、この問題については今ここで（これ以上）書き加えることは差し控えよう。

さてモーセースは、トキを放ち、地上を清掃する補助部隊としてそれを使用し、害獣どもを追払った後、その地帯に入って行った。

モーセースはこうして行軍を終えると、突然その姿をエチオピア人の前にあらわし、戦闘の後彼らを打ち破り、エジプト人支配という彼らの願いを粉砕した。そして攻撃はなおもつづけられ、彼らの町を次つぎに屠って、エチオピア人を大量に殺戮していった。モーセースに率いられたエジプト人の軍隊も、（一度）勝利の味を覚えると強靭な力を発揮するようになり、その結果エチオピア人は、（捕えられて）奴隷に売り飛ばされるか、根こそぎ絶やされる危険に陥った。」（二・二四〇―

図 10●蛇を攻撃するトキ

四九)

この引用した一文の冒頭は、本書の聞き手や読者を躓かせるものです。そこに「両民族の神殿書記たち」(ホイ・ヒエログランマテイス・アンフォテローン)とあるからです。エジプトの神殿書記はともかくも、エジプト在住のイスラエルの子ら(=ヘブルびと)はまだ彼ら独自の神殿を持っていないからです。いやそもそも彼らがヤコブ(=イスラエル)の子孫だと申し立てても、彼らはアブラハムにはじまる神観念などをまだ持ち合わせていなかったからです。

問題は、その場所を訪れたとわたしたちが想像するヨセフスが、なぜこのような明白な誤りが認められる民間伝承を正さなかったのかです。わたしはこれにたいする適切な答えを持ち合わせませんが、現在のわたしは、「ここがヨセフスに認められる杜撰なところさ」と言って逃げ切るか、ヨセフスには使用する資料に明白な瑕疵があってもそれを正すことなくそれを利用する例があることを、たとえば、七十人訳ギリシア語訳がアレクサンドリアでなされたことを語る旧約の偽典文書のひとつ「アリステアスの手紙」の使用例を挙げるしかありません。わたしはどちらかというと、ここでの資料はヨセフスがそのままほとんど手をつけないで使用しているとしたいのです。彼は事実誤認ということで細部にこだわることもできたのですが、細部にこだわる読者などはひとりもいないと想像して、資料をそのまま使用したのではないでしょうか? 実際、現代のヨセフス学者は別として、ここでの事実誤認にこだわる読者は、聖書学者を含めて皆無なのです。あ、聖書学者は不勉強ですからヨセフスを読まないか。

ヨセフスはこの一文の最後部の方でトキ（イビス）に言及し、この鳥の性格について簡単に触れた後、「ギリシア人もトキの性質については不案内ではない」と述べておりますが、彼は多分ここで、本書の読者であるギリシア人たちがヘロドトスの『歴史』の第二巻から、アラビアからエジプトへ飛来する「翼をもった蛇」トキについての記述を知っていることを前提としていると思われます。ローマの博物学者大プリニウス（二三―七九）もその著作『博物誌』一〇・四五で、エジプト人たちが蛇退治にトキを利用すると述べておりますから、ヨセフスはここで大プリニウスの著作をも念頭に置いているかもしれません。すでに『異教徒ローマ人に語る聖書』の中で論じたように、本書の著作前にヨセフスが収集して読み込んだギリシア語で書かれた異教徒側の文書資料の数は半端ではないのです。

モーセの軍団、エチオピアの王都サバに迫る

「そしてついに彼らは、エチオピアの王都サバ――ここは後にカムビュセース（カムビュセス）が妹の名にちなんでメロエーと呼んだ所である（図11）――に追い込まれ、そこで包囲された。

ところでこの土地は、包囲攻撃する側の者にとっては最高の難所だった。というのは、ネイロス

図 11●メロエの遺跡

（ナイル）川がそれを円形に取り囲み、さらにその川にアスタポス川とアスタボラス川の二つの川が加わるため、流れを渡って敵を攻撃することは容易ではなかった。

（要するに）その中にある（王）都は、島そのものであった。町には強固な城壁がめぐらされ、しかも三つの川が（侵入してくる）敵にたいする防御物の役割をはたしていた。そのうえ城壁内には、異常な増水時の溢水から町を守るため、大きな掘割が走っていた。そして、まさにこれらの障害物が、川を渡った者たちの町の占拠を非常に困難にしたのである。

さて、そういうわけで、モーセース（モーセ）は動きをまったく見せない敵軍にいら立ちはじめたが――敵は（積極的に）打って出て戦闘しようとはしなかった――、ちょうどそのとき彼には、次のような事件がもちあがった。」（二・二四九―二五一）

この一文の冒頭にはエチオピアの王都サバについての言及が見られますが、このあたりのことについて言及するのはヘロドトスしかおりませんから、彼の著作の地名索引をぱらぱらとめくってみましょう。すると『歴史』二・二九に次のような記述があります。彼は、メロエの町がナイル川沿いの町であることに触れた後、「この町は、これまでとは別のエチオピア人の首都であるという。この町の住民の崇敬する神はゼウスとディオニュソスの二柱のみで、彼らがこの二神を敬うことははなはだしいもので、ここにはゼウスの神託所があり、神が託宣を下して戦いを命ずれば、どこであろうと神の命のままに兵を進めるのである」（松平千秋訳）と書いております。訳註は、文中のゼウスがアンモンで、ディオニュソスがオシリスを指すと指摘しております。

この一文の冒頭はまた、ヨセフスが使用する資料の年代の上限を決める手がかりとなります。なぜならばそこにペルシアのキュロス大王（在位、前五五九―五三〇）の子カムビュセスの名前が認められるからです。カンビュセスは歴史に実在した王で、ペルシアを紀元前五二九年から五二二年まで治めた人物ですから、ヨセフスが使用するこの資料は、実は、紀元前五二九年以降のものとなり、到底、モーセ物語の中での使用には耐えないものとなりますが、ここではその事実には目をつむり、最後まで読み進めましょう。

モーセ、エチオピアの王の娘と結婚する

ヨセフスはつづけます。

「エチオピアの王にはタルビスと呼ばれる娘がいた。彼女は、城壁の近くまで軍を率いて来て勇敢に戦っているモーセース（モーセ）を見ると、その指揮の巧みさに（すっかり）心を奪われ、一度は勝利を諦めていたエジプト人がこうして成功を収めているのは彼のおかげであり、反対に、エジ

プト人にたいする勝利を誇ったエチオピア人たちが、彼のために今こうして最後の破滅を迎えようとしていると悟った。（その瞬間）彼女は彼にはげしい愛情を抱くようになり、ついにその情熱に支配されて、家僕たちの中でもっとも信頼できる者たちを彼のもとへ送り、結婚を申し入れさせた。

モーセースは、彼女が町を明け渡すという条件で、この申し出を引き受け、彼女を妻とすること、町の支配者になったときに決して協定を踏みにじらないこと等を自ら誓約した。結末はこの交渉のとおりになった。そして、モーセースはエチオピア人に懲罰を加えた後、神に感謝を捧げ、結婚式をあげ、そしてエジプト人を率いて彼らの国へ帰って行った。」（二・二五二―五三）

長い引用がようやく終わりました。

モーセがエチオピアの王の娘タルビスと結婚したというのです。エチオピアの征服者としてタルビスを手籠めにしたのではありません。彼女の方が敵将モーセの凛々しい指揮官ぶりを見てフラフラクラクラとして、ついには自分の祖国の破滅のまさにその瞬間にモーセに「愛情」（エロース）を覚え、身も心も敵将に投げ出したくなったというのです。仰天ものの情報ですが、この箇所は民数記一二・一の記事と結びつけられて強引に解釈されることがあります。そこにはモーセが「クシュの女」、妻にしていることで、姉のミリアムと兄のアロンに非難されたと書かれているからですが、そこでの「クシュの女」は「エチオピアの女」と解されるからです。

ここで改めて問います。

ヨセフスはなぜ、時代錯誤と思われるこの資料ないしは民間伝承を用いたのでしょうか？

それはモーセの犯した「三つの犯罪セット」への言及を回避するためであり、モーセが実はレプラ患者としてエジプトから追放された人物などではなくて、エチオピアに軍事遠征してほかならぬエジプトに大きな貢献をした人物であったことを異教徒たちに示すためだったのです。

ヨセフスは自らが採取した民間伝承を上記の二つの理由から使用したはずですが、彼はタルビスとモーセの間の関係に、『異教徒ローマ人に語る聖書』ですでに述べた彼の時代のユダヤの王アグリッパ二世の妹ベレニケーと、後になってローマ皇帝となる対ローマの戦争中の敵将ティトスの関係を見ていないでしょうか？　どうかみなさん方、この二人の関係についていろいろと思いを巡らしてみてください。

出エジプト記二・一五によれば、モーセは殺人を犯した自分をファラオが追っていることを知ってミディアンの地へ遁走しますが、ヨセフスはモーセのミディアンへの逃亡を別の理由にいたします。

モーセ、ミディアンの地へ逃げる

ヨセフスは次のように述べます。

「エジプト人たちはモーセース（モーセ）のおかげで窮地を脱したが、（かえって）このために彼にたいする憎悪心を新たにし、彼の生命を奪う計画をいちだんと熱心にすすめていった。彼らは、彼が今回の成功を利用してエジプトで革命をはかるのではないかと懸念し、また王にたいしては彼を殺すようにと示唆した。

一方王も、モーセースの指揮官としての能力にたいする嫉妬と、自分の権威の失墜にたいする不安から同じように考えており、神殿書記たちに唆されると、モーセース殺しの計画にすすんで手を貸した。

しかし、モーセースは陰謀の通報を受けると、ときをおかず人目を避けて脱出した。道は警戒されているため、砂漠を横切って逃走した。砂漠でつかまる心配はまずなく、（水や）食料を携行しなかったが、耐久力には自信があった。

モーセースはマディアネー（ミディアン）――それはエリュトラ海の近くにあり、アブラモス（アブラハム）の息子のひとりでカトゥーラ（ケトラ）から生まれた子にちなんで名付けられた――へ着くと、井戸の傍らに腰をおろし、疲労困憊《ひろうこんぱい》した体を休めた。それはちょうど真昼で、そこは町から遠くはなかった。彼はここで、土地の住民の習慣に起因する事件に関わって一役演ずることになって真価を発揮し、彼の運命が開けて行くことになった。」（二・二五四―五七）

ヨセフスと出エジプト記では、ミディアンの地への逃亡の理由がまったく異なります。ヨセフスによれば、その逃亡には二つの理由があります。ひとつはモーセにたいするエジプト人の「憎悪」であり、もうひとつはモーセにたいする王の「嫉妬」です。

憎悪と嫉妬。

これこそはヨセフスがその生涯においていやというほど味わったものです。すでに『異教徒ローマ人に語る聖書』で見たとおり、ユダヤ戦争中のヨセフスの行動はガリラヤのユストスをはじめとする多くの同胞によって憎悪されました。祖国をローマに売り渡したと言っては憎悪されました。これらの憎悪は一時的なものではありません。継続的で執拗なものです。ヨセフスはエルサレムの祭司階級に生まれた特権階級に属する者だったために嫉妬されました。ヨセフスは、ユダヤ戦争終了後、エルサレムにローマ軍から土地を与えられたために嫉妬されました。ヨセフスは四度連れ合いをかえたために嫉妬されました。ヨセフスはローマでフラウィウス家の庇護を受けたために嫉妬されました。ヨセフスにとって「憎悪」と「嫉妬」は彼の人間理解の根底にある感情ですが、それについてはおいおい説明するつもりです。

さて、引用した一文の末尾にモーセは「ここで、土地の住民の習慣に起因する事件に関わって一役演ずることになって真価を発揮し、彼の運命が開けて行くことになった」とありますが、土地の住民の習慣に起因する事件とは何でしょうか？

モーセとリウエルの娘たち

出エジプト記二・一六以下は、ミディアンの土地に逃げ込んだときの出来事、すなわちモーセがその地の井戸の傍らに座っていると、ミディアンの祭司の七人の娘が水汲みにやって来たが、そこに羊飼いの男がたちがやって来たこと、そして彼女たちの水汲みを妨害しようとしたとき、モーセが彼らを追い払ったこと、モーセの行動が彼女たちの父親リウエル（ギリシア語読みではラグーエール）に報告され、彼は彼女たちの父親のもとに居候するようになり、やがて、娘のひとりツィッポラ（ギリシア語読みではセプフォーラ）と一緒となり、ゲルショム（ギリシア語読みではゲールサム）を儲けたことなどの話が、短い物語単位の中で語られます（図12）。

古代オリエント世界の共同体はティグリスやエウフラテース川、あるいはその支流の川沿いにつくられておりますが、もしそうでなければ砂漠や荒れ野の中で掘られた井戸を中心としてつくられ、井戸そのものが共同体の生命線となります。わたしたちはすでに『異教徒ローマ人に語る聖書』で「共同体と井戸」とでも題する物語を見ました。アブラハムによって息子イサクの嫁探しに遣わされた家僕が嫁となるリベカに出会ったのはハラン（カルラ）の町の水汲み場でした。エサウとの諍いのために緊急避難でハランの町へ逃れたヤコブがラバンとレアに出会ったのはそこの共同体の井戸端だったのです。ロトの一行が移り住んだソドムの町は男色の町でしたが、この物語の背後にあるのは、創世

図 12●「モーセ、リウエルの娘たちを救う」（上段）、「モーセ、リウエルと食事をする」（下段）

記はそうだとは記してはおりませんが、そこに見ず知らずのロトの一行でも使用することが許された井戸の問題が見え隠れしているような気がいたします。そもそも「乳と蜜の流れる」という不動産屋のチラシまがいの形容語句の中の「流れる」からして、このフレーズには井戸水ないしは飲み水の存在が前提にされたものであるように見えますが、いかがでしょうか？

さて、ヨセフスの再話です。

ヨセフスは出エジプト記の短い物語単位を二倍の長さに引き延ばし、そこには見られない詳細、すなわち㈠砂漠の中の井戸水の使用の優先権についてや、㈡ミディアンの土地の住民トローグロデュティス人——本書一・二三九によれば、トローグロデュティスはアブラハムの子孫によってつくられた植民地のひとつ——の慣習では、羊の世話をするのは女たちの仕事であることや、㈢リウエルの娘たちはみな「処女」であったこと、そして㈣リウエルはモーセを養子にした上で、娘のひとりを与え、自分の家畜の群れの管理者にした話などを付け加えます。

物語によれば、モーセは砂漠の中で羊の世話をしながら暮らして行くことになります。ストレスのあまりない人間関係の希薄な生活です。一度はだれでもがやってみたい仕事のひとつかもしれません。星空に神を見るかもしれません。しかし砂漠にネオンの輝きがないことだけは覚えておきたいものです。

燃える茨

ある日のことです。

出エジプト記三・一以下によれば、モーセは羊の世話をしながら、神の山ホレブに分け入ってしまいます。すると彼は前方に、燃え盛っている茨の間に主のみ使いを認めると同時に、その茨が燃え尽きないのを目にいたします（図13）。モーセも人並みの好奇心の持ち主ですから、「こりゃ面白い」「こりゃ不思議だ」とばかりに、燃えつづけている茨の方に近づきます。すると茨の中から「モーセよ、モーセ」と語りかける人語が聞こえてきます。人語はさらに「ここに近づいてはならぬ。おまえの足の下履きを脱ぐのだ。おまえの立っている場所は神聖な地だから」と言い、ついで人語を発する主は「わたしはおまえの父の神、アブラハムの神、イサクの神、ヤコブの神である」と自己紹介いたします。

アブラハムの神、イサクの神、ヤコブの神。

この定式は、以後三・一五、一六、四・五でも見られるものだけに、なぜ神はここで少しばかり胸をはって「わたしは天地を創造した神、人類の祖、アダムとイブをつくった神である」と、もっと普遍性のある形で自己紹介をしなかったのか、そしてなぜヨセフスがこの定式をここで導入しなかったのかと問うてみることは意味あることです。

図 13●「モーセと燃え盛る茨」（上段）、「モーセ、下履きを脱ぐ」（下段）

主なる神は民族を超越する普遍的な神ではなく、特定の民族の「民族神」にすぎなかったようです。もっともこの神は時間をかけてメタモルフォーゼを繰り返していきます。この神は、卵がさなぎになり、さなぎが徐々に脱皮していくように、その性格を変えていき、最後には「父なる神」となり、ついには「子なる神」をもつに至るのですが、とにかく聖書の神は「ややこしい神」なのです。「分かりにくい神」なのです。

ところで人間は、「奇跡」と思われるものを他人から聞いてもそう簡単に信じたりはしません。しかし、それを自分の目で見たときや、そのトリックを見破ることができなかったときには、それを奇跡として信じるものです。トリックのないマジックはありませんが、そのトリックを見破ることができなければ、人は「スゲー」を連発し、目をまん丸くしてマジシャンに畏怖の念をもちます。旧約聖書や新約聖書、旧約聖書の外典や偽典、新約聖書の外典や偽典の中では「奇跡」や「不思議」が多く語られておりますが、そこには、「人は奇跡があってはじめて何かを信じるようになる」という前提があります。出エジプト記での最初の不思議ないしは奇跡である「燃え盛るが燃え尽きない茨」は二方向的です。一方でそれはモーセに神顕現を信じさせる方向性をもち、他方でそれはモーセに神顕現があったことをこの物語の読み手や聞き手に信じさせる方向性をもつものです。

ヨセフスは合理主義者です。しかも徹底した合理主義者です。聖書で語られている奇跡に物語の本質などは宿らないとする立場です。聖書の奇跡を再話することがあっても、「信じるも自由、信じないのも自由」と言い放つ立場です。こうしたヨセフスの合理主義の事例は先に進んでからいくつも紹介するつもりですが、ここではどうなのでしょうか？　ここでの奇跡を「不思議」（テラス）とか、「信じがたい光景」、あるいは「徴」（セーメイア）と形容するヨセフスは次のように言うのです。

「その人語はまず、神がおられるがゆえに、これまで何びとも足を踏み入れなかった場所に近づいたモーセース（モーセ）の無謀な大胆さを指摘し、できるだけ炎から遠く離れているようにと注意し、彼がすでにおのが目で見たものだけで満足し、偉大な先祖から生まれた徳ある人物は、燃える茨についてあれこれと詮索せぬものだと戒めた。」（二・二六七）

出エジプト記二・一以下によれば、モーセの両親は「レビの部族」出身ですが、後の時代、たとえばローマ時代の「レビの部族」理解をここに持ち込みますと、おかしなことになります。この部族の者たちは神殿で一定の役割を担わされましたが、それは祭司の下働き的な仕事で、祭司にたいしては従属的です。ですから、この理解をここに持ち込むと、モーセの一族の家系はたいしたものでないとされますが、ここでのレビ族は創世記三四・二五、四九・五に見られるヤコブとレアの三男のレビに遡るとされ、もしそうであれば、モーセの家系は、モーセ↓アムラム↓コハテ↓レビ↓ヤコブ↓イサク↓アブラハムとなり、めでたくもアブラハムにまで辿り着く立派な家系となるのです。フィロンの『モーセの生涯』一・七や、エウセビオスの『福音の備え』九・二九に保存されているデーメトリオスも、モーセをアブラハムから数えて七代目としております。したがってこれらの一文は、モーセをアブラハムから数えて七代目とする本書二・二二九の一文を、たとえ一部のヨセフス学者が、話の展開の腰を折る後の時代の付加として削除しても、それはそれで考察の対象となるはずです。なぜならば、ヨセフスが本書を著作しているローマ時代、モーセをアブラハムの子孫とするその「系図の正統性」が、異教徒たちの間で、「モーセ＝エジプト人説」「モーセ＝レプラ患者説」を背景にして問題にされていた可能性があるからです。

ヨセフスがここでモーセの出自を「偉大な先祖から生まれた……」とする申し立ては、これから先、モーセを民族の英雄とする以上必要なものであり、それゆえそれは神の口に置かれても構わないものなのです。いやそれが神の口に置かれてはじめて、モーセが民族の英雄となるための環境整備が整うのです。なお、余計なことを申し上げますが、モーセがここで「徳」ある人物とされていることにも注意を払ってください。そして『異教徒ローマ人に語る聖書』で繰り返し指摘したように、アブラハムからはじまるその係累は「徳」（アレテー）をつねに実践する者たちであったとされていたことです。そしてさらに注意を払っていただきたいのは、モーセの登場で「徳」の概念は拡大され、軍事的な行動における「武勇」をも含むようになります。

ヨセフスはさらにつづけます。

「その人語はさらに、彼は神とともにいるので、人びとの間で栄光と名誉を手にするだろうと預言し、彼が自信をもってエジプトに帰り、大勢のヘブルびとの指揮官あるいは総司として行動し、その地でエジプト人の横暴な振る舞いに苦しむ彼の縁者たちを解放するよう命じた。『なぜなら』と、その人語はなおもつづけた。『おまえたちの先祖のアブラモス（アブラハム）がかつて住んでいたかの祝福された土地にこそ彼らは住むべきであり、その地でいっさいの幸福をわがものとすべきである。彼らをその地に導けるのはおまえ自身であり、おまえの頭脳である。そして、ヘブルびとを導き出してその地に達したとき、感謝の犠牲を捧げるように、これはわたしの命令である。』火の中から発せられたお告げとは、このようなものであった。」（二・二六八―九）

人語は神のお告げだったのです。ここでの「火」もお告げを神々しいものにする仕かけです。火は「聖なるもの」を演出する小道具です。

モーセ、使命に怯える

「一を聞いて十を知る」頭脳明晰なモーセでも、エジプトの地で苦しむ同胞たちの解放の先頭に立てと言われても躊躇します。躊躇するどころか怯えます。彼は一介の牧童にすぎないのです。ご先祖がアブラハムにまで遡る意味などはまるで理解できていないはずです。ここでの彼はエチオピア遠征したエジプト軍の指揮官ではないのです。タイム・スリップして「指揮官」から「牧童」なのです。

出エジプト記三・一一によれば、このときモーセは、「いったいわたしは何者なのでしょうか？エジプトのファラオのもとに出かけ、イスラエルの子らをエジプトから導き出さねばならない（このわたしは）？」と神に尋ねます。

「いったわたしは何者なのか」と己に問えば、それは哲学のはじめとなりますが、モーセはその問いを自分にではなく神に投げてしまうのです。情けないかぎりですが、神もそれには答えておりません。「そんなことはおまえ自身で考えてみろ」と突き放してもおりません。神はモーセに「わたしはおまえとともにいる。これこそはおまえにとって、わたしがおまえを遣わすしるし。おまえがわが民をエジプトから導き出した暁には、おまえたちはこの山で神に仕えるのだ」（三・一二）と言うだけです。これでは牧童を神に仕える者に仕向けることはできても、哲学する人間にすることはできません。まあ、わたしなどはこのあたりから学生たちに向かって、なぜ古代世界のユダヤ民族の中にこれといった哲学者が出なかったかをもっともらしく話します。

ヨセフスは次のように再話いたします。

「主よ、わたしはあなたのお力を心から崇拝し、また、あなたがわたしの先祖たちに示されたお力をよく存じております。あなたのお力を信じないことは、気違い沙汰でございます。しかし、何の力にも恵まれない凡々たるわたしが、同胞を説得して現在の居住地を棄てさせ、わたしの導きにしたがうようになどとどうして言えるか、ただただ困惑するばかりです。また、たとえ同胞を説得できても、どうすればファラオーテース（ファラオ）を屈服させ、労働と仕事が彼の国の繁栄に役立っている者たちの出国を認めさせることができるというのでしょうか？」（二・二七〇―七一）

神、奇跡をあらわしてモーセを励ます

ヨセフスはこの後、出エジプト記での物語の展開の順序を入れ替え、神がモーセに奇跡を行ってみせ、不思議を行う力を与えた話に移ります。

出エジプト記四・一以下によれば、神はモーセが手にしていた羊飼いの杖を蛇に変えたり、杖に戻したりします。モーセの手をレプラ患者の手のように白くしたり、元に戻したりします（図14）。天地創造の神はマジシャンでもあったのです。この奇跡は主がモーセに顕現したことを人びとが「信じるため」（四・三）になされたものです。

このあたりを再話するヨセフスは、ギリシア語訳に見られる言葉を変えたり、誇張したり、細心の注意を払ったりしております。

図 14●「蛇に変わったモーセの杖」（上段）、（モーセ、リウエルに別れを告げる」（下段）

ギリシア語訳によれば、モーセが手にしていた羊飼いの杖はラブドスですが、ヨセフスはバクテーリアという言葉を選択します。しかも彼は繰り返しそれを使用するのです。理由は明白です。ギリシア語訳が使用するラブドスには「魔法の杖」のニュアンスが込められているからです。ヨセフスはヘブライ語テクストやギリシア語訳の「へび」(オフィス)を「大蛇」(ドラコーン)に改めます。読者や聞く者たちがギリシア神話に通じておれば、ヘスペリデスの苑に棲息していて黄金のリンゴを守った一〇〇の頭をもつラドンや、レルマに住む九つの頭をもつヒュドラなどを思い起こすかもしれません。蛇よりは大蛇の方が迫力があります。

ギリシア語訳はモーセの手がレプラ患者の手のように白くなったとするヘブライ語出エジプト記の記述を拒否し、「すると、彼の手は雪のように(白く)なっていた」(四・六)とします。ヨセフスは「ついで神は彼に、右手をふところに入れよ、と言われた。そして彼が命令にしたがった後、右手を出してみると、それは石灰岩の色に似て白くなっていた」(二・二七三)と述べます。ヨセフスがヘブライ語テクストに見られる「らい病」という言葉を回避したのは、その言葉を使用すれば、モーセがレプラ患者と結びつけられてしまう危険性があったからです。その著作『アピオーンへの反論』二・二二九に見られるマネトーン論駁のヨセフスの言葉「(アピオーンは)……わたしたちの先祖は、多くのエジプト人の中のレプラ患者その他の疫病やみで、エジプトの地から追放を宣言された者たちと一緒に生活していたと説明しようとするのである」を引くだけで、そしてまたそれに関する言及が本書の第三巻にあることを指摘するだけで、ここでは十分としましょう。具体的にはその箇所に達したときに取り上げます。

神の名についての啓示

出エジプト記三・一三以下によれば、モーセはさらに次のように言います。

「ご覧ください。わたしはイスラエルの子らのもとに行きます。そしてわたしは彼らに向かって、『おまえたちの父祖たちの神が、わたしをおまえたちのもとに遣わしたのです』と言うとします。すると彼らはわたしに『その名は何か？』と尋ねるでしょう。わたしは彼らに向かって、何と答えればよいのでしょうか？」

ここでのモーセは、予想される同胞たちの反応を想像し、泣き言を並び立てる自信喪失のモーセです。しかしヨセフスは、そのような情けないモーセ像を異教徒たちに見せつけることなどできません。ヨセフスは次のように申します。

「そして彼はまた神にたいし、すでに神と言葉をまじえ（その姿を）幻で仰ぐことを許された以上、どうかその尊いみ名を知りたいと願う自分にそれをお明かしになってくださいそうすれば犠牲を捧げるさい、聖なる儀式に臨在たまわるようその名でお呼びできるからです、と願った。」(二・二七五)

ヨセフスは「自信喪失のモーセ」を「信仰心篤いモーセ」へとメタモルフォーゼさせます。

ここから先の物語の展開の解釈は難しいものです。

ヘブライ語出エジプト記三・一四によれば、「あなたのお名前は?」と聞かれて、神はモーセに「エフィエ・アシェル・エフィエ」と答えるのですが、これはモーセの尋ねた問いへの答えにはなっていないからです。なぜならば、この三つの言葉は「わたしはなる、わたしがなるものに」(岩波版)を意味しますが、これは神の存在様態を説明するかもしれませんが、それ以上ではなく、到底神の名前とは言えないものだからです。

ギリシア語訳の訳者も困り切っております。

ギリシア語訳の訳者は「存在する」を意味する動詞のエイミを現在分詞とし、その分詞の前に男性形・単数の定冠詞を置いて「存在する者」「現在いる者」を意味するホ・オーンとして「わたしは存在する者である」「わたしは今おまえの目の前にいる者」と言ったとしますが、こんなチンプンカンプンな説明は神の名前としては成立しないものです。異教徒たちが聞いたら、笑いこけるに違いないのです。なぜならば、たとえばギリシア神話の世界では、オリュンポスの神々に属する神、ティタンの神々に属する神、ペルセウスの神々に属する神、プロイトスの神々に属する神、ペロスの神々に属する神、プロメテウスの神々に属する神などはいずれも名前をもっておりますが、それはまさに呼称であって、その存在様態を説明する呼称ではないからです。ヨセフスは異教徒たちに向かってモーセに啓示された奇妙奇天烈《きみょうきてれつ》な名前を口にすることなどはできません。そこで彼は少しばかりもったいをつけて次のように言うのです。

「そこで神は呼び名をはじめてモーセース（モーセ）に明らかにされたが、それはかつて人びとが一度も耳にしたことのないものであり、それについては、わたしもまた口にすることを許されていない。」（二・二七六）

ヨセフスは「わたしもまた口にすることを許されていない」と言っておりますが、この言葉は、伝承で伝えられてきた神の名を彼が知っていたことを示唆いたします。後の時代のユダヤ側の文書資料である「トセフタ」ソター一三・八、ヨーマ三九bによれば、神の名前は大祭司に限って一年に一度、神殿の至聖所内で口にするのを許されたそうで、そのため大祭司（一族の者）だけが口伝でそれを知っていたと誤解されがちですが、ヨセフスは著名な祭司一族に属してはおりましたが（『異教徒ローマ人に語る聖書』の第1章参照）、大祭司一族ではありませんから、ヨセフスも神の名前を知っていたとすると、秘伝であった神の名も、少なくとも、ヨセフスの時代のユダヤ人の多くは知っていたように思われます。ほかならぬヨセフスが、エルサレムの城内に籠城した市民たちは神の名を口にしながら、神の助けをもとめたと言っているからです。いずれにしても、もしヨセフスがここでヘブライ語聖書にあるエフィエ・アシェル・エフィエを完全に無視して、彼が知っていた神名を入れなかったのは残念至極であったと言わざるをえません。なぜならば、そういうことをする勇気を持ち得たのはヨセフスしかいなかったからです。

第4章　エジプトに戻ったモーセ

モーセ、エジプトへ戻る

出エジプト記四・一八は、エジプトの同胞のもとへミディアンから戻る決意を固め、その旨を舅のエトロに伝えたモーセについて語ります。そして同書四・一九は次のように述べます。

「主はミディアンにいるモーセに向かって言った。『出かけて行き、エジプトに向かうがよい。おまえの命を付け狙っていた者たちは、みな死んだからだ。』モーセは妻と子供たちを驢馬に乗せると、エジプトに戻って行った。」

ここでの主はモーセに、「おまえの命を付け狙っていた者たちはみな死んだのだから安心せい」と言っているのです。主はどうも最初からモーセの殺人を不問にしております。これから先で見る彼の大量殺人も不問です。神の正義もこの程度のものなのです。

最初から脱線いたします。

この一文はマタイ福音書二・一九―二一の記事を思い起こさせます。そこにこう書いてあるからです。

「ヘロデが死ぬと、主の天使がエジプトにいるヨセフに夢で現れて言った。『起きて、子供とその母親を連れ、イスラエルの地に行きなさい。この子の命を狙っていた者どもは、死んでしまった。』そこでヨセフは起きて、幼子とその母を連れて、イスラエルの地へ帰ってきた。」

これは新約聖書学者の指摘を待つまでもなく、明白な対比です。一般に「聖家族の逃避行」と呼ばれるヨセフ一家のエジプトへの緊急避難はヘロデの死で終わるわけですが、この逃避行とそのエンディングは、イエスをモーセの再来と見なす福音書記者マタイの出エジプト記の記事にもとづく「換骨奪胎」の域にも達しない稚拙なつくり話です。同じ福音書二・一六以下では、ヘロデが二歳以下の男子をひとり残らず殺したとする同じく稚拙なつくり話が語られております。こちらもエジプトでのイスラエルの民の増大に脅威を覚えたファラオがイスラエルの民から生まれてくるイスラエルの救い主となる幼子の殺害を企図した出エジプト記のフィクションを焼き直したものです。フィクションがフィクションを産んだということになりますが、現代であれば、マタイ福音書のこうしたつくり話は著作権の視点から問題にされるのは必定で、記述削除を要求されてもおかしくないものとなりますが、そのことを指摘したり、指摘しないまでも、古代の著作家の権利意識とわれわれ現代人の意識が根本から違うことなどを論じる学者が皆無に近いことは寂しいかぎりです。

脱線から戻ります。

ヘブライ語出エジプト記四・二四―二六によれば、「主」はエジプトに戻る途次のモーセを襲って殺そうとします。ギリシア語訳では主ではなくて「主のみ使い」です。その行動主体がどちらであれ、よく呑み込めない事態が発生したのです。そこでモーセに同行していた妻のツィッポラは息子（ゲルショム？）の包皮を石片でもって切り取ったそうです。さらに分からない展開です。ここから先はヘブライ語テクストとギリシア語訳の内容はずいぶんと異なりますが、どちらも何を言おうとしているのか要領を得ない一文となっております。

ヨセフスはここでの記述にまったく触れません。

『異教徒ローマ人に語る聖書』で指摘したように、ヨセフスには割礼について独立した一書を著す予定があったようで、そのため彼は、ここでの割礼記事を避けたと説明するのが妥当かと思われますが、もしかして彼にとってもここでの記事はチンプンカンプンの代物《しろもの》で、そのためそれを避けて通ったのかもしれません。人はチンプンカンプンの壁を前にしては、その向こうにあるものを覗くことはしません。

出エジプト記四・二七以下によれば、主はエジプトに残っているモーセの兄のアロンに命じて、モーセの出迎えに行かせます。二人は荒れ野の中の「神の山」で再会いたします。物語の展開によれば、モーセは「神の山」を離れエジプトの地へ向かって相当の距離を驢馬で進んでいるはずですが（四・二〇）、彼はまだ「神の山」（ホレブ山［三・一］、ヨセフスの言うシナイオン山）にいるのです。「あれれ」の事態です。モーセは家族の者を驢馬に乗せると文字どおり「驢馬歩で」、いや「牛歩で」エジプトに向かって荒れ野の中の道なき道を進んでいるとでも想像しければおかしなことになりますが、あるいは物語の背後にあるモーセ伝承の複雑さを改めて認識するしかありませんが、ヨセフスは次のように再話して物語の不自然さや複雑さを回避いたします。

「さて国境近くへ来ると、アアローン（アロン）が神の命令で、モーセース（モーセ）の出迎えに来ていた。彼はアアローンに（シナイオン）山での出来事と、（そのときうけた）神の命令を伝えた。そして二人がさらに旅をつづけると、モーセースの来ることをあらかじめ知らされていたヘブルびとの中のもっとも卓越した（指導）者たちが二人を出迎えた。」（二・二七九）

ヨセフスはモーセと兄アロンの再会の場所を神の山から「国境近く」に改めました。ナチュラルです。出エジプト記四・二九によれば、再会をはたしたモーセとアロンは「行って、イスラエルの子らの長老たちを招集した」そうですが、ヨセフスは、出エジプト記の記述を、モーセの「来ることをあらかじめ知らされていたヘブルびとの中のもっとも卓越した（指導）者たちが二人を出迎えた」に変えてしまいます。

これは『古代誌』の第一二巻で語られている「アレクサンドロス・ロマンス」と呼ばれる物語の中のひとつの光景を想起させます。

そこでの物語によれば、エジプトに向かう途次のアレクサンドロス大王がエルサレムに立ち寄ったというのです。そのさい大祭司をはじめとする指導者たちがエルサレムの城門の外で大王を出迎えたというのです。もちろんこれはフィクションですが、ヨセフスのここでの記述は、アレクサンドロスをそうしたように、モーセを大物にします。もはや一介の羊飼いではありません。

出エジプト記四・三〇―三一によれば、アロンはイスラエルの長老たちを前に「しるし」を行ってみせると、彼らははじめて神がイスラエルの子らを顧みていることを知り、「身をかがめ、ひれ伏した」そうですが、ヨセフスは、『異教徒ローマ人に語る聖書』ですでに指摘したように、「ひれ伏す」行為についての描写があれば注意深くそれを回避します。それは跪拝礼につながる宗教的な行為であり、ヨセフスにとって、長老たちが神でもないモーセやアロンにひれ伏すのは奇妙な事態なのです。

さて、出エジプト記はこの後、ファラオとの出国交渉の物語に移りますが（図15）、ヨセフスは次

図 15●「ファラオの前のモーセとアロン」

のように言って、すでに前章で取り上げた「モーセのエチオピア遠征」物語の後日譚とでも言うべきものを想像し、それを次に展開する物語への橋渡しとするのです。

「さてモーセース（モーセ）は、ヘブルびとたちの忠誠と、自分の命令に服するという彼ら全員の承認、そして自由にたいする彼らの情熱とを確認したので、最近登極したばかりの王のもとへ赴き、かつてエジプト人がエチオピア人に屈服して国土を蹂躙されたとき、自分がいかにエジプト人のために働いたかを話した。すなわち彼は、自分がそのときまるで自分の同胞のためかのようにエジプト人の軍隊を指揮して奮戦し、ときには危険に身をさらしたが、エジプト人からはそれにたいする正当な報酬をまったく受けていないことを王に説明したのである。さらに彼は、シナイオン（シナイ）山で遭遇した出来事や、神の言葉、そしてその命令を確信させるために神が示された数々の奇跡等の一つ一つを詳しく説明し、王がこれらのことに疑いをもち、せっかくの神の意志を妨げたりすることのないようにと願った。」（二・二八一―八三）

ファラオの前で

ある帝国にある特定の異民族が多数住んでいるとします。もしその者たち全員を出国させる事態が発生したらどうなるでしょうか？　そのためにはさまざまな駆け引きを伴う何年にもわたる外交交渉が当事者の間で必要になりますが、出エジプト記によれば、すでにエジプトの労働力の一翼を担っているイスラエル人の出国交渉は、モーセたちとファラオの宮廷の神官たちとの間でなされる摩訶不思議な魔術の競演ではじまるのです。ここでの魔術の競演は、人類史上他に例を見ない珍無類の抱腹絶倒の光景です。

出エジプト記五・一以下によると、モーセは兄のアロンを伴ってファラオのもとへ出かけ直談判におよびますが、そこでは次のようなやり取りがあります。

「イスラエルの神・主がこう言われます。『わたしの民を送り出すのだ。彼らが荒れ野で、わたしのために祭を執り行うためである』と。

ファラオは言った。

『いったい、彼（主）は何さまなのだ？　わたしがその言葉を聞き入れて、イスラエルの子らを送り出さねばならぬ者とは！　わたしは主など知らないし、イスラエル（の子ら）を送り出したりはしない。』」（五・一―二）

これはわたしのギリシア語訳からですが、ファラオが吐き捨てるようにして口にした言葉が凄いではありませんか。彼はモーセとアロンに向かって、その言葉を聞き入れてしたがわねばならない「おまえたちの主はいったい何さまなのだ?」と問うのです。「何さま」は「何者」でも構いませんが、このファラオの問いかけは、先に見たモーセが神になした問いかけ「いったいわたしは何者なのでしょうか? エジプトの王ファラオのもとに出かけ、イスラエルの子らをエジプトから導き出さねばならないこのわたしは?」と同じ質的レベルのものであることはだれの目にも明白だと思われます。ここでのファラオは主・神について問う立場に置かれ、モーセとアロンはそれに答える立場に置かれているのです。しかしモーセとアロンは、哲学的議論か神学的議論に発展する可能性を内包しているファラオのこの問いには答えず、「ヘブルびとたちの神が、わたしどもを召し出しました。そこでわたしどもは、荒れ野に入っていくために三日の道のりを行きますが、それはわたしどもの神に犠牲を捧げるためです。わたしどもが疫病で死んだり、剣で殺されたりしないためです」(五・三)と口にするだけなのです。がっかりです。

ここには気にかかる表現があります。

「三日の道のり」です。

三日の道のりの所には何があるのでしょうか? そこは、その後につづく一文から、犠牲を捧げる場所ないしは犠牲を捧げるにふさわしい場所、すなわち神がモーセに顕現した「神の山」であるシナイ山しかありません。ヨセフスはその場所をシナイ山であると想定しておりますが(二・二九一)、この想定は当然だとしても、地理的にはファラオのいる所から「神の山」までは三日で行ける距離ではないのです。荒れ野の中を驢馬で進むのであれば、まあ二週間はかかるはずです。一九世紀のドイツのルター派の新約学者ティッシェンドルフ（一八一五―七四）はシナイ山の麓にあるカタリナ修道院を訪れてそこに眠っていた写本を大量に外に持ち出したことで知られておりますが（図16）、彼がカイロから駱駝に乗って修道院まで到達するには一二日間を要したからです（拙著『乗っ取られた聖書』［京都大学学術出版会刊］参照）。モーセの一行は駱駝ではなく驢馬だったのです。

さてヨセフスですが、彼は出エジプト記五・一四―二一で語られているイスラエル人の上に立てら

図16●聖書学者のティッシェンドルフ

れ同胞の労働を監督をする役たちが行ったファラオへの直訴や、五・二二―六・一で語られているモーセが主になした訴えと主の答え、六・二―一三で語られている主がモーセに与えたミッションとモーセの躊躇、六・一四―二七で語られているモーセとアロンの系譜、六・二八―三〇で語られている使命を与えられたモーセの躊躇、七・一―七で語られている主がモーセとアロンに与えた命令などには触れません。

その理由は明白であろうかと思います。

そこでの記述が重複的であったり、また系譜のように話の腰を折るものだったりするからです。しかしヨセフスは、そこで再三語られている「神によるエジプトからの救出」（六・一、六―七、一一、一三、二七、七・四）についてもまったく触れておりません。不思議と言えば不思議です。

ヨセフスは出エジプト記七・六以下で語られている魔術の競演を再話の対象とします。

ヨセフスによれば、モーセとアロンはファラオの前で神から示された「数々のしるし」（セーメイア）をやってみせますが、それにたいしてファラオは「（信ずるどころか、逆に）激怒し、彼を、かつてはエジプト人のもとでの労役を（嫌って）逃走したくせに、人を欺してこうして帰ってきて、今度はいかさまと魔術で王を驚かそうとする極悪人ときめつけた」（二・二八四）そうです。そして出エジプト記七・一一によれば、ファラオはここでエジプトの「知者」や、「魔術師」、「呪術師」たちを呼び寄せますが――出エジプト記のギリシア語訳ではこのほか、「廷臣たち」がその場に居合わせるのですが――、ヨセフスは彼らを「神官たち」とひと括りです。彼がエジプトの神官に言及するときに彼の頭の中にある神官のイメージはつねに、はるか後の時代の反ユダヤ主義者でモーセの悪口をさんざん口にしたエジプトのヘーリオ・ポリス出身の神官マネトーンなのです。

競演のはじまりです。パンパカパーンです。

最初は杖を蛇に変えてみせる魔術です。これは確か、神がモーセに示したしるしなので（四・三―四）、先行が「モーセとアロン組」と予想されるでしょうがそうではなく、先行はファラオの宮廷組です。彼らは杖を落としてそれを蛇に変えてみせますが、モーセ組も負けてはおりません。彼も杖を落とすと、それは蛇に変わりますが、そればかりか彼の蛇はエジプト人たちの手にしていた杖の周りを一回りすると、それらを呑み尽くしてしまったというのです。そしてその上で蛇は元の姿になってモーセの手に戻ったというのです。

強情なファラオ

ファラオは強情です。頑なです。

出エジプト記を読んでいて不思議な気持ちにさせられるのは、ファラオが頑なになるのは、彼の自発の感情の起伏の結果ではなくて、神によるとされているからです。神は一方ではモーセとアロンにイスラエルの民を率いて出エジプトを試みよと煽っておきながら、他方ではファラオの心に働きかけてそれを頑なものにし（七・三）、彼らの出国の要求を聞き入れさせようとはしないからです。もしかして神って統合失調症？

それはともかく、神は自分のしるしと不思議な業《わざ》を増し加えるために、エジプトの地に次からつぎに災禍を送り込みます。ヘブライ語出エジプト記七・一四―一二・三〇は、何と一〇の災禍を語るのです。

第一はナイル川が血と化す災禍です（図17）。

第二は蛙の災禍です（図18）。

第三は虱（ギリシア語訳では毛虱）の災禍です（図19）。

第四は犬蠅（ギリシア語訳では蝱）の災禍です（図20）。

第五は疫病の災禍です（図21）。

第六は腫れ物の災禍です（図22）。

第七は雹の災禍です（図23）。

第八は蝗の災禍です（図24）。

第九は闇の災禍です（図25）。

そして第一〇は初子の災禍です（図26）。

これらの面白くもない一〇の災禍の一々を再話の対象としていては大変です。そこでヨセフスは次のように言ってこの物語に入って行きます。

「わたしはその一つ一つをここで語りたいが、その第一の理由は、エジプト人がそのとき経験したような災禍は、いまだかつてどの民族も遭遇したことのないほど悲惨だったからであり、第二の理由は、モーセース（モーセ）が彼らに告げた予言には一言たりとも嘘いつわりがなかったこと、そして人類は神の怒りを買ったり、不義、不正によってその処罰を受けるような行為を厳に慎まねばならぬことをはっきりと示しておきたいからである。」（二・二九三）

ヨセフスはこう語った後、九つの災禍を順次語っていくのです。一〇の災禍ではありません。九つの災禍です。彼は第五の災禍である、家畜の疫病の災禍を落としております。彼が使用した出エジプト記のギリシア語訳にそれがなかったのか、うっかりミスで落としてしまったのか、それとも転写の段階で落ちてしまったのか……、いろいろとその理由が想像されます。なお余計なことを申し上げますが、アレクサンドリアのフィロンと区別されて偽フィロンと呼ばれる一世紀後半の人物は、その著作『聖書古代誌』で第六の災禍を落としております。この『聖書古代誌』や、フィロンの著作『モー

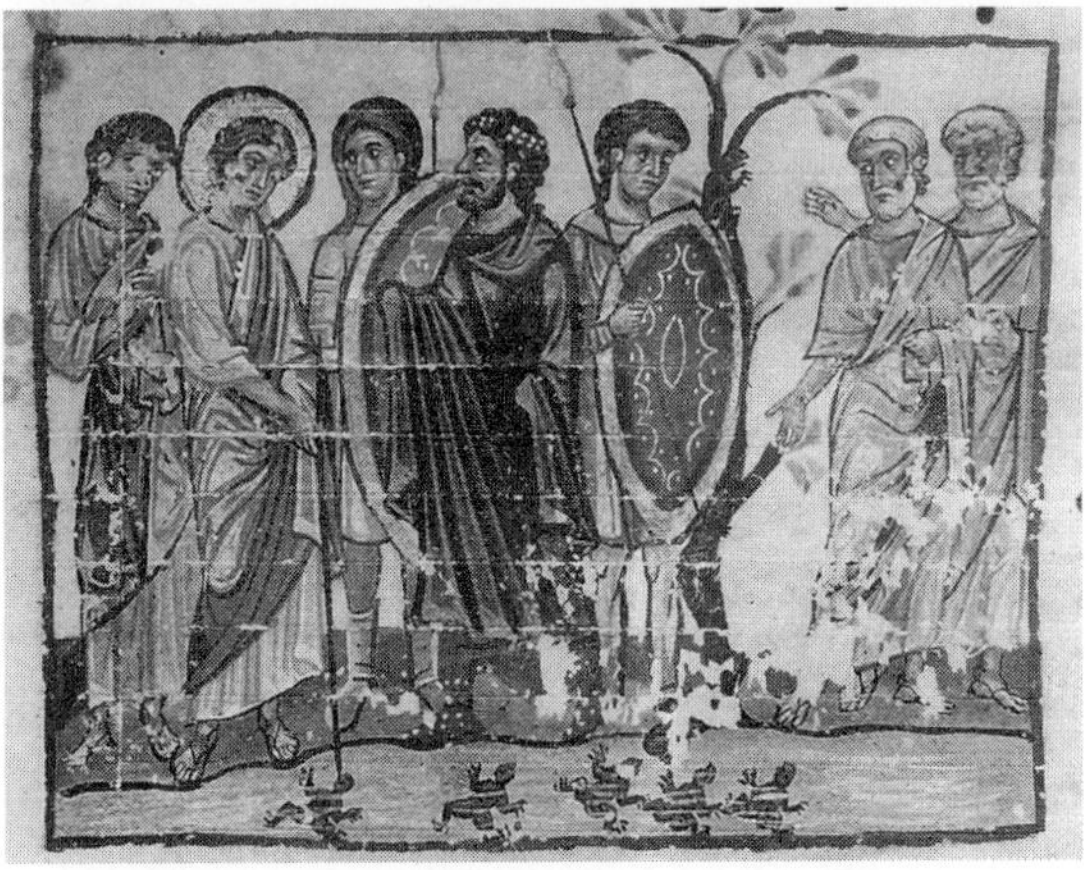

図 17●「血に変わったナイルの水」
図 18●「蛙の災禍」

図 19●「虱の災禍」
図 20●「犬蠅の災禍」

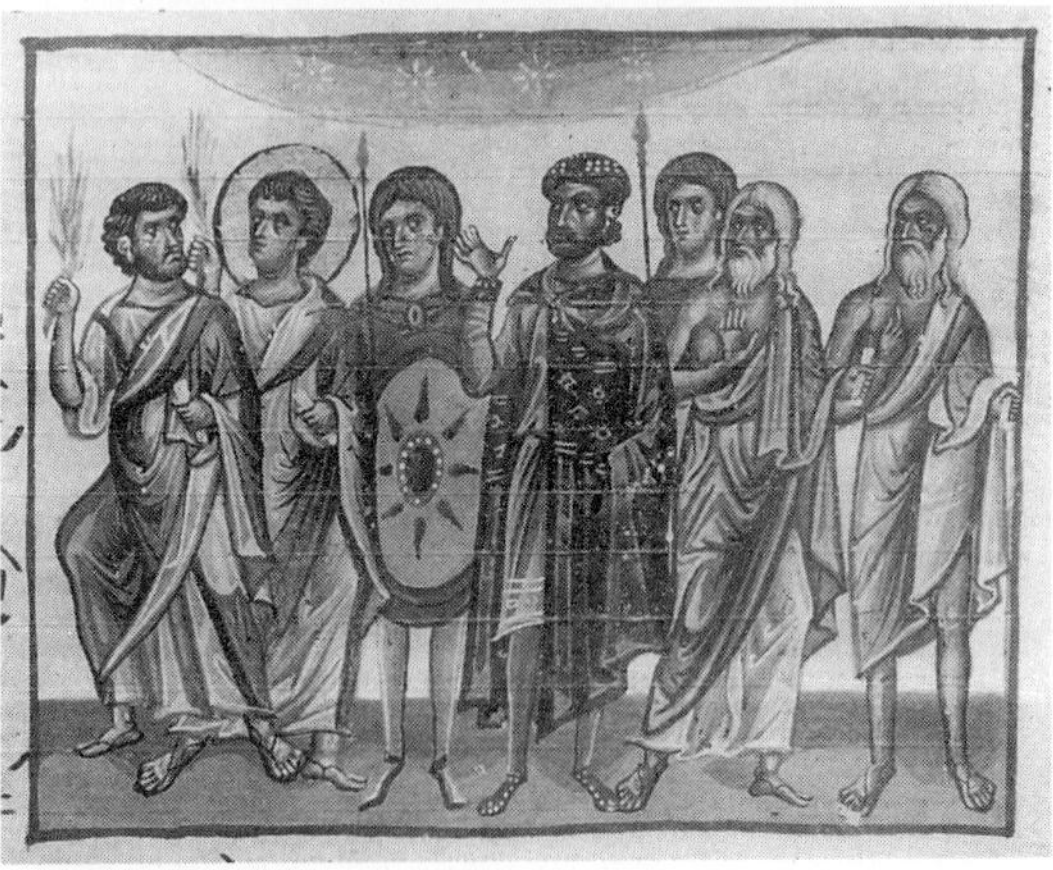

図 21●「家畜の伝染病の災禍」
図 22●「腫れ物の災禍」

図 23●「雹の災禍」
図 24●「蝗の災禍」

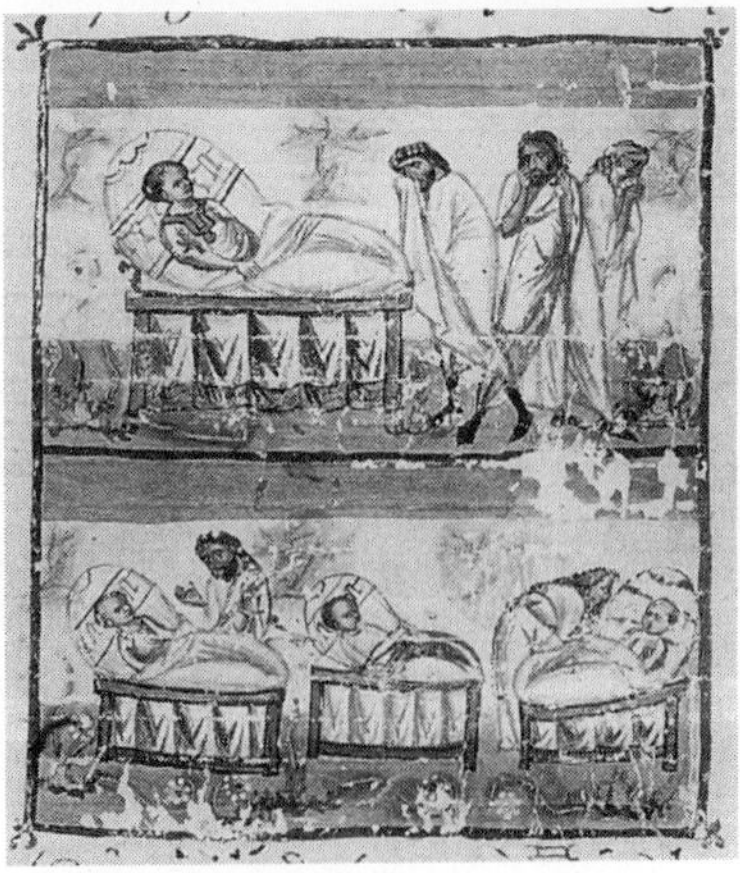

図 25●「闇の災禍」
図 26●「初子の死」

セの生涯について』に見られる九つの災禍や一〇の災禍の順序は、出エジプト記に書かれているものにしたがってはおりません。前者の偽フィロンは一、二、四、七、五、八、三、九、一〇であり、後者のフィロンは一、二、三、七、八、九、六、一〇です。この種の順序の不統一は、出エジプト記のテクスト問題を論じるときに取り上げねばならぬものですが、ここでは災禍の数の違いやその順序に違いあることだけを指摘しておくにとどめます。

ヨセフスの語る第一の災禍

では、ヨセフスがその災禍をどのようにして語ったのかを見てみましょう。最初は、出エジプト記七・一四―二四で語られている第一の災禍です。彼は次のように申します。

「神の命令による第一の災禍は、川の水が赤い血のような色に変わり、飲めなくなったことからはじまった。エジプト人は、川以外の水の供給源を持っていなかったが、その川の水がこの上なく不快な色に変わってしまったのである。しかもそれを飲もうとした者は、例外なく苦しみとはげしい苦痛に見舞われた。ところが、そうして苦しんだのは実はエジプト人だけであり、ヘブルびとにはこれまでどおりの甘い水であって、水質に何の変化もなかったのである。この異変に困惑した王は、エジプト人のことを気遣い、ついにヘブルびとの出発を許した。しかし、間もなくして災禍が減少すると、王はまた気が変わり、ヘブルびとの出国を差し止めてしまった。」（二・二九四―九五）

ヨセフスはこの再話の中に、出エジプト記からは絶対に引き出せない一文を創作して挿入しております。それは「ヘブルびとにはこれまでどおりの甘い水であって、水質には何の変化もなかったのである」です。しかしこの一文のため、本書の聞き手や読み手は「こんな馬鹿なことって起こるのか」と笑いこけてしまうのではないでしょうか？　同じ水質の水が飲む相手によって異なるのでは！　水に飲む相手を瞬時にして見分ける能力があるとするのですね。しかし、このようなナンセンスな記述は、実は、出エジプト記の他の災禍についての記述の中にもあるのです。たとえば家畜を襲った疫病の災禍です。「エジプト人たちの家畜はすべて死んだが、イスラエルの子らの家畜の中で死んだものは一頭もなかった」（九・六）というのです。たとえば雹の災禍です。「……ただイスラエルの子らのいたゴシェンの地は別で、そこでは雹は発生しなかった」（九・二六）というのです。たとえば闇の災禍です。モーセが天に向かって手を差し伸べると、エジプトの全土には三日間にわたって真っ暗になる闇が生じ、「三日の間、だれも自分の兄弟を見ることができ」（一〇・二三）なかったというのですが、「しかし、イスラエルの子らすべてには、彼らの住んでいる所がどこであれ、光があった」（一〇・二三）というのです。

まあこういうナンセンスを読みつづければ、合理主義者のヨセフスといえども、同じような馬鹿なナンセンスを創作したくなるのかもしれません。

ヨセフスの語る第二の災禍

ヨセフスはつづけます。

「しかし神は、ひとたび災禍から救われるとまたもとの無分別にもどってしまう王の無礼な態度を見て、エジプト人にたいして別の災禍を科せられた。

すなわち、今度は無数の蛙が発生して彼らの土地を食い荒らしたのである。川の流れも蛙で埋まってしまった。土地を掘って水を汲み出すと、その水も中で死んだ蛙の血で汚れていた。国中が蛙に荒らされそれが殖えて死ぬごとに、汚れたねば土が充満していった。蛙は食べ物や飲み物の中にも入り込み、寝床の中にまで出没して、屋内のすべてのものを壊していった。耐えがたいいやな悪臭が至る所にたちこめ、それは蛙が生きていようが死にかかっていようが、あるいは死んでいようが、変わりがなかった。

こうしてエジプト人が、この有害な生き物に苦しめられているのを見た王は、ヘブルびとを連れて出国してくれるようにモーセース（モーセ）に頭を下げて申し入れた。そして王がそう言い終えるや、たちまちのうち蛙の大群は姿を消し去り、土地も川も、元の状態に戻った。

ところがまた、ファラオーテース（ファラオ）は、災禍を切り抜けると、その原因を忘れてしまい、ヘブルびとを引き留めたのである。彼はまるで次はどのような災禍が待ち受けているかを知りたいとでもいうように、モーセースの一行の出発許可を取り消した。結局、王が彼らに出発許可を与えたのは恐怖からであって、知恵で判断したのではなかったのである。

そこで神は、王の不誠実な行為を懲らしめるため、またしても別の災禍を科せられた。」（二・二九六―三〇〇）

ヨセフスの語る第一の災禍では、王は「無分別な王」としてけなされ、この第二の災禍では、王は「不誠実である」と咎《とが》められ、第三の災禍では、王は「大ばかもの」と罵られております。一国の王をこのように口汚く罵るのですから、ヨセフスもなかなかのものです。

ヨセフスの語る最後の災禍

ヨセフスが語る途中の災禍は飛ばします。

次にヨセフスも、フィロンも、偽フィロンも一番最後に置いている災禍を取り上げます。初子の災禍です。彼は言います。

「神は、ヘブルびとを出国させるためには、さらにもう一度エジプト人に災禍を科すことを明らかにされた後、モーセース（モーセ）に向かって、クサンティコスの月――エジプト人はこの月をファルムーティ、ヘブルびとはニサン、マケドニア人はクサンティコスと呼んでいる――の第十日に、第一四日の出国のために準備し、それが終わったら民に犠牲の用意をさせるよう命令され、また犠牲を捧げ終わったら全財産を持たせた上でヘブルびとを率いて行くよう命じられた。そこでモーセースは出国に間に合うようヘブルびとに諸準備を行わせ、彼らを小単位に分けた後、全員を一か所に集めた。

そして第一四日になると、全員旅装をととのえて犠牲を捧げ、ヒュソッポスの房を使い血で家を清めた。ついで食事をとり、そして旅立つ人がよくするように、残りの肉を焼いた。

わたしたちは犠牲をこのようにして捧げる習慣を今日なお残しているが、それは実はこのときはじまったものである。わたしたちはこれをパスカの祭と呼んでおり、過ぎ越しを意味する。なぜなら、その日神は、わたしたちの家だけは過ぎ越されてエジプト人の家にだけ悪疫を蔓延させせられたからである。

そして、まさにその夜、エジプト人の初子《ういご》に破滅が見舞い、そのため王宮近くに住んでいる大勢のエジプト人がファラオーテース（ファラオ）のもとへ押しかけ、ヘブルびとを出発させるようにと嘆願した。

王はモーセースを呼び出すと、彼に出発を命じた。もし彼の民がエジプトの土地を立ち去れば、エジプトの苦しみもやむと思ったからである。

エジプト人の中には、餞別をおくってヘブルびとを讃える者もいた。一国も早く立ち去ってもらいたいためにそうした者もいれば、古くからの知己としての隣人愛からそうした者もいた（図27）。」（二・三一一─一四）

この災禍は、エジプト人を見舞った九つないしは一〇の災禍の中でもっとも重要なものです。ヘブルびとは神が下したこの災禍のおかげで、最終的にはエジプトから脱出することができることになるからです。

出エジプト記一二・二は、この災禍が見舞う時期を主の言葉で「この月は、おまえたちにとって月のはじめである。この月はおまえたちにとって年の第一の月である」と述べ、同書一二・三以下は、その月の一〇日に各家族は子羊や子山羊を手元に置き、一四日の夕暮れにそれを屠ることを主がモーセとアロンに命じ、同時に主はエジプトの地を経めぐり「人から家畜に至るまでのすべての初子を撃

図 27●「別れを惜しむエジプト人たち」（上段）、「動物の初子の死」（下段）

ち、エジプト人たちのすべての神々にたいして復讐する」(一二・一二)と約束します。
出エジプト記によれば、出エジプトが挙行されるのは、どうも一年のはじまりの時期のようですが曖昧です。暦の上の月名が書かれていないからです。しかし、ヨセフスはギリシア語を解する読者や聴衆の存在を意識して、それが「クサンティコスの月」の出来事であったとし、それがエジプト暦のファルムーティの月で、ヘブル暦のニサンの月に相当すると述べておりますが、このあたりのことを理解するには、ヨセフスが創世記の再話で洪水の時期について述べた箇所を見ておく必要があります。彼はそこでモーセをニサンの月にはじまるユダヤ暦の創始者と見なして次のように言っているからです。

「この災禍(=洪水)はノーコス(ノア)の生涯の六〇〇年目の第二の月――それをマケドニア人はディオス、ヘブルびとはマルスーアネースと呼んだ――の出来事だった。モーセース(モーセ)はニサンの月、すなわち(マケドニア人が)クサンティコス(と呼んでいる月)を各種の祭り(が開催される一年)の最初の月と定めた。それは彼がこの月にヘブルびとをエジプトから導き出したからである。彼はまたこの月を、神の礼拝のためのいっさいの(行事が開始される)一年のはじめとした。」(一・八〇―八一)

洪水発生の時期や出エジプトの時期、そしてその他の重要な出来事の時期に言及するとき、ヨセフスはマケドニア暦での月名をユダヤ暦の月名と併記いたしますが、それはわたしたちに、本書の主たる読者がだれであるかを教えることにもなります。ここでローマ暦が言及されていないのは不思議ですが、ヨセフスは本書のその他の箇所でもそれにはまったく言及しておりません。『戦記』の主たる読者はローマ人ですが、彼はローマ暦には言及いたしません。

ヨセフスの再話で興味深い事実は、出エジプト記で語られている神主導のエジプトのすべての初子を撃つ「全員抹殺」——これはその残酷さにおいて「大量殺戮」以上のものです——にはいっさい触れていないことです。出エジプト記には次のように明白に書かれているにもかかわらずです。

「真夜中になると、主はエジプトの地のすべての初子を撃った。玉座に座るファラオの初子から穴倉の中にいる女の捕虜の初子に至るまで、またすべての家畜の初子に至るまで。夜中に、ファラオと、彼の廷臣たち全員と、それにすべてのエジプト人たちが起き上った。エジプトの全土で大いなる叫びがあがった。死者の出なかった家はなかったからである。」(一二・二九—三〇)

この神主導の復讐には「抹殺思想」とその実践があります。その無差別の殺戮があったからこそ、ファラオは最終的に白旗を挙げてギブ・アップしたのですが、ヨセフスはその記述では出エジプト記のトーンを落としております。

出エジプト記は、エジプト全土でファラオの初子をも含むエジプト人の初子や家畜などの初子が無差別に殺されたとしておりますが、ヨセフスは何と、「そして、まさにその日の夜、エジプト人の初生児に破滅が見舞い」（二・三一三）としか言わないのです、ここでの「破滅」を表すギリシア語はフトラです。このギリシア語は「悪疫」などの災禍がもたらす死をも含む幅広い概念を内包する言葉であり、実際ヨセフスはこの一文の前では「その日神は、わたしたちの家だけは過ぎ越されてエジプト人の家にだけ悪疫を蔓延《まんえん》させせられたからである」と言っておりますが、ギリシア語の一文の中では、「疫病」を表すギリシア語ノソスは前文の一番最後に対格形で置かれ、次の一文の冒頭には、その「疫病」を別の単語に置き換えたかのように「破滅」を表すギリシア語が置かれているのですから、本書を手にする読み手や聞き手は、間違いなく、王宮近くに住むエジプト人の初子だけが悪疫にやられたと理解してしまうのです。ヨセフスの再話を読むかぎり、ヘブルびとの主・神は恐ろしい抹殺思想の持ち主ではなくなるのです。

ヨセフスがここで、過ぎ越しの祭りの慣習に触れて、ユダヤ人がこの慣習を今日なお守っているが、それがこの出エジプトに淵源するものであると述べているのは重要です。なぜならば、ヘレニズム・ローマ時代の異教徒たちが周囲にいるユダヤ人たちを「奇異なる民族」として好奇心の対象とするときには、彼らの生活習慣に目をやり観察したからです。

なぜユダヤ人は金曜日の日没から仕事を休むのか？

なぜ彼らはポークを口にしないのか？

なぜ彼らは危険を賭してまでしてエルサレムに神殿税を運ぶのか？

なぜ彼らはニサンの月の一〇日になったら（三月の終わりか四月のはじめ）当歳の子羊を用意し、一四日の晩にそれを屠殺し、その血を家の入り口の柱や鴨居に塗ったりするのか？

なぜ彼らはその翌日の一五日から一週間を「種入れぬパンの祭」としてそれを守るのか？


ユダヤ人の生活慣習は、異教徒たちにとっては分からないことだらけだったのです。ヨセフスは彼ら異教徒の「分からないことだらけ」のひとつに答えているのです。なお出エジプト記一二・二二―二三によれば、出エジプトにあたってヘブルびとが羊の血を戸口などに塗るのは神・主が間違って彼らの家を撃たないよう、彼らの家を「過ぎ越して」行くための目印とするためですが、ヨセフスはそれを「家の清め」「家の聖化」（二・三一二）のためだとしております。この改変は感心するものではありません。この改変のために「過ぎ越し」の意味が曖昧なものにされ、また出エジプトにあたって残していく「家を清める」あるいは「聖化する」必然性がまったく見えてこなくなるからです。

ヨセフスは出エジプト記一三・一―一〇で語られている「種なしパンの規定」にはまったく触れておりませんが、先に進んでからそれに言及しております。なお、本章を締めくくるにあたり、ここで個人的な感情を吐露することを許されるのであれば、「過ぎ越し」という言葉を耳にするたびに、故人となられたロシア文学や東欧文学の翻訳者であった工藤幸雄さんを懐かしく想起いたします。工藤さんは生前わたしに向かって、「秦君、過ぎ越しの訳語はうまいね」と繰り返し言われていたからであり、いつかその訳語をつくり出した人を調べますと約束し、それを果たしていないからです。このギリシア語ヒュペルバシスもまたよい訳語です。

第5章……エジプト脱国とエリュトラ海での奇跡

ヘブルびと、エジプトを脱国する

いよいよ、エジプト脱国のときです。

ヨセフスは次のように書きます。

「こうしてモーセース（モーセ）の一行は、彼らを虐待したことを悔い嘆くエジプト人たちを後にして出発した。

彼らはまず、レートポリス――当時そこは砂漠にすぎなかったが、後にカムビュセース（カムビュセス）がエジプトを征服したとき、バビュローン（バビュロン）の町を創建したところである——に向かう道を選んだ。そして、彼らはそのような最短距離を選んで（エジプトを）立ち去り、三日目にエリュトラ海に近いベエルセフォーン（バアル・ゼポン）に到着した。

そして、その土地が不毛のために食料にするものがなくなった彼らは、小麦粉をこねて軽く焼き、それをパンの代用にした。彼らはそれを食べて、三〇日間（そこで？）生活した。というのも、彼らは飽食を戒め、かろうじて生きていくための（最小限の）量を出ないよう定量制まで実施していたが、エジプトからもってきた食料類はすでに使い尽くしていたからである。

わたしたちは、そのときの食料不足を記憶に残して伝えるために、種入れぬパンの祭と呼ばれる祭を（現在でも毎年）八日間守っている。

ところで、女・子供を含むそのときの脱国者の総数を、正確に数えることははなはだ困難である。しかし、軍隊に徴用される年齢に達していた者は、およそ六〇万であった。

彼らがエジプトを出発したのはクサンティコスの月の太陰の一五日で、それはわたしたちの先祖アブラモス（アブラハム）がカナナイア（カナン）の土地へ来てから四三〇年後、ヤコーボス（ヤコブ）のエジプト移住二一五年後のことである。またモーセースはすでにそのとき八〇歳に達しており、彼の兄アアローン（アロン）は三歳年上だった。二人はヨセーポス（ヨセフ）の遺骨を、彼が息子たちに下したその命令に応えて携行していた。」（二・三一五—一九）

ここには、エジプト脱国のさいの光景、脱国後にモーセの一行が最初に選んだ荒れ野の中の道、道中の食料不足、脱国を記念する種入れぬパンの祭、脱国者の数、出エジプトの年代、脱国したときのモーセの年齢などがコンパクトにまとめられておりますが、出エジプト記にはない情報もあります。

ラメセスの町から出国して

出エジプト記一二・三七によれば、イスラエルの子らはラメセスの町から出発しますが、ヨセフスはその出発地点を記しておりません。そのアバウトさが残念です。ラメセスは同書一・一一に登場する町で、ヘブライ語出エジプト記によれば、そこは「ファラオのための物資貯蔵の町」であり、ギリシア語訳によれば「ファラオのための堅固な要塞都市」ですが、創世記四七・一一によれば、そこはヨセフがエジプトに呼び寄せた父のヤコブとその兄弟たちを住まわせたエジプトの一等地と思われる所です。そこにエジプト全土から六〇万以上、いや多分一〇〇万以上のイスラエルの子らが陸続と集結して、モーセの指揮下に脱国したというのです。本当でしょうか？

わたしは首をかしげる前に、ラメセスの町へ行ってまいりました。もう四年も前の話です。同行者は東京女子大学のM教授、名古屋大学のS教授、中近東文化センターのK教授、ほかに若手のアラビア語堪能の女性研究者が二人でしたが、ラメセスは、そこはもう小さな、貧相な、ペンペン草の生えている町でした。はたしてここは脱国の出発点となりうるのかと思わせる場所でした。出エジプト記一二・三七によれば、ラメセスの町からエジプトを出て行ったイスラエルの子らは、スコットの町へ向かいます。そこはラメセスの南東約五〇キロに位置する場所です。

レートポリスの町へ

ヨセフスはモーセの一行がスコットの町に向かったとはせず、レートポリスに向かう道を選んだとし、その場所についての説明を少しばかり行っております。彼の著作では、レートポリスの地名はここでしか見いだせないものですが、それについて少し知りたければ、エジプトの地名ですから、前五世紀のヘロドトスにまずあたってみることです。それが駄目ならば——実際、駄目だったのですが——、地誌学者のストラボーン（前六三年ころ—後二一年ころ）の出番です。それでも駄目でしたらディオドロス・シクルス（前九〇年—前二七年）です。ストラボーンの『地誌』一七・一・三〇にはレートポリスへの言及があります。それによれば、そこからさらにナイル川を北上するとバビュロンの町へ到着するそうです。そこでの記事はなかなか興味深いものです。ストラボーンはそこで、バビロニア人の捕虜たちに言及して——彼らの数には触れておりません——、彼らがエジプトの王たちによって科せられた労役に耐えきれず反乱を起こし——反乱の規模への言及もありません——、それに成功すると、「王たち」からそこに定住する許可を得たそうです。ストラボーンの時代、そこはエジプト防備のために配属されたローマの三軍団のひとつの宿営地になっているというのです。さながらエジプト在住のイスラエルの軍団の反乱のミニ版の趣きです。

ヨセフスの情報源は？

ヨセフスはこの町の情報をどこで得たのでしょうか？

わたしはすでに『異教徒ローマ人に語る聖書』で、ヨセフスが六六年以前にアレクサンドリアばかりか、ナイル下流のデルタ地帯に足を踏み入れていると想像してみせましたが、ここでの出エジプト記とは異なる情報は、彼がデルタ地帯のユダヤ人共同体などを訪問した折りに得たものではないでしょうか？

ヨセフスはモーセの一行が三日目にはエリュトラ海に近いバアル・ゼポンに到着したと述べております。その場所の所在地は分かりません。出エジプト記一三・一八の「エリュトラ海にも通じる荒野の道」でも指しているのでしょうか、それとも同書一三・二〇のエタムでも指しているのでしょうか？　もっとも出エジプト記の話を聞く方は、地理的な詳細などはどうでもいいことであったに違いありません。そもそも彼らは地図を前にしてヨセフスの語る話を読んだり聞いたりしているのではないからです。ヨセフス自身もそのことを承知しております。彼が『戦記』で提供する地理的詳細はしばしば不正確で、そのことはヨセフス学者によって指摘されて久しいのですが、彼が『戦記』で地理的詳細にこだわらないのは、それなりの理由があったからです。

種なしのパンの祭

出エジプト記一二・一八以下は、エジプトを脱国した者は第一の月の一四日の夕方からその月の二一日の夕方までの七日間種なしのパンを食べねばならぬと定めております。ヨセフスはその遵守期間を七日ではなくて八日としておりますが、本書三・二四九では七日間です。「八日」は明らかな誤りですが、その誤りは、イタリアのヴィバリウムの修道院の転写生の誤りと見なすのが適切です。なぜならば、ヨセフスの時代でも、過ぎ越しの祭はアレクサンドリアにおいても、ナイルのデルタ地帯においても、小アジアにおいても、バビロンにおいても、ローマにおいても、要するにユダヤ人の共同体のある所ではどこでも執り行われていたのであり、そのような民族的な祭の期間をヨセフスが間違えることなど考えられないからです。なお、ヨセフスは言及しておりませんが、出エジプト記一二・一九によれば、その祭の最中「種入りのパンを食べる者はだれでも、その者は、仮寓の者たちはその土地に生まれた者たちの間の、イスラエルの会衆から完全に絶たれる」そうです。

会衆から絶たれるとは？

「会衆から絶たれる」とはどういうことなのでしょうか？

民族の慣習を守らない者は、イスラエルの子らの集まりからは締め出されるというのです。「村八分」にされるというのです。ギリシア語にはそのためのイヤな言葉「アロトリオーシス」があります。この「排除」の思想は聖書の中に多く、それは後のキリスト教世界で徹底されます。ユダヤ教に淵源するキリスト教の「排除の思想」の研究は重要です。なぜならばキリスト教において、その思想は敵と見なす異教徒たちを「神の栄光のために」殺害したり迫害することをつねに正当化してきたからです。

脱線いたしました。

脱国した者の数は？

ヨセフスは脱国した者たちの数が膨大であることを認めます。彼は「軍隊に徴用される年齢に達していた者」の数でも「およそ六〇万」であったとします。ここでの用語「軍隊」は出エジプト記七・四や一二・四一ほかの「主の軍勢・主の全部隊」などの影響を受けているのでしょうが、その内実は、民数記一・一以下の人口調査の記事によれば、「二〇歳以上の男子」だったようです。いずれにしてもこれは出エジプト記一二・三七―三八の記事、すなわちそのときのモーセの一行が「徒歩の男子は約六〇万、ただし女と子供たちを除く。大勢の種々雑多な人びとも彼らとともに上った。羊と、牛と、その他非常に多くの家畜も」にもとづくものです。ギリシア語訳出エジプト記三九・三（ヘブライ語出エジプト記三八・二六）および民数記一・四六によれば、二〇歳以上の男子の数は「六〇万三五五〇」です。どちらの数字であれ、女たちや、二〇歳に達しない子供や若者、軍団の足手まといとなる年齢の者たちや高齢の者たちを含めれば一〇〇万は優に越えていたと想像しなければなりません。東京ドームの収容観客数を仮に四万とすると、東京ドーム二五杯分以上のイスラエルの子らが脱国したというのです。目眩《めまい》を覚えるような数字です。しかし、クラクラしても、倒れる前にその数を疑ってみることです。

聖書の数には誇張が目立ちすぎます。

数の誇張は聖書の伝統芸

そのためわたしは最近「数の誇張は聖書の伝統芸だ」と書き散らしておりますが、この伝統芸のはじまりはこのあたりに淵源するように思われます。ヨセフスはこの伝統芸を継承し身につけてしまったためでしょうか、たとえば、『戦記』六・四二〇で挙げるローマ軍の「包囲攻撃中に死んだ者の数は一一〇万だった」と申し立てるとき、それは聖書の伝統芸にもとづく誇張なのです。都エルサレムの地理的空間やそこにある地下貯水槽の水量から判断すれば、その犠牲者数は一〇万を越えないものなのです。ですから、ヨセフスが挙げる数は十分の一か百分の一にするのが適当です。出エジプト記自体はフィクションですから、六〇万とか六〇万三五五〇などの数字はどうでもいいのですが、それでもどれくらいまでにさげれば、「歴史っぽく」なるのでしょうか？ まあ、一〇〇〇分の一の六〇〇人か、一万分の一の六〇人くらいの数が持ち出されるのであれば、フィクションもノンフィクションぽく見せられるというものです。そうでもしなければ、これらの数は与太話の世界の数字となります。

出エジプトの年代は？

最後は出エジプトの年代です。

ヨセフスによれば、それはイスラエルの子らの先祖であるアブラハムがカナンの土地に来てから「四三〇年後」、ヤコブ（イスラエル）のエジプト移住二一五年後のことだそうです。この「四三〇年」は、ギリシア語訳出エジプト記一二・四〇の記述、すなわち「イスラエルの子らがエジプトとカナンの地に滞在していた期間は、四三〇年であった」の四三〇年に由来するものであることに間違いはないでしょう。ヨセフスの計算によれば、アブラハムがカナンの土地へ移住してからヤコブのエジプト移住までの期間は、四三〇（年）－二一五（年）＝二一五（年）となります。彼は『古代誌』一・一五四で、アブラハムがカナンへ移住したときの年齢を七五歳とし、また同書一・二五六で、アブラハムの一生を一七五年としておりますから、アブラハムがカナンへ移住してから一〇〇年が経過していることになります。また同書一・二五六および二・一八七によれば、アブラハムの死後に生まれたヤコブがエジプトへやって来たのが一三〇歳のときです。こちらの算出によれば、アブラハムがカナンの土地へ移住してからヤコブのエジプト移住までの期間は一〇〇（年）＋一三〇（歳）＝二三〇（年）となり、先に挙げた二一五年とは食い違いが生じてしまいます。

ヨセフスはここでの二一五年をどこから引き出してきたのでしょうか？　確言はできないのですが、その数は、エウセビオス『福音の備え』九・二一に保存されているユダヤ人歴史家デーメトリオスからだとされております。

モーセの一行、荒れ野に入る

モーセはこれから先、一〇〇万以上の同胞を率いて最終ゴールのカナンの土地を目指さねばなりま

図 28●「エジプトから脱国するイスラエルの子ら」

せん（図28）。彼は当面シナイ山経由で荒れ野の中の苦しい旅路をつづけることになるのですが、出エジプト記の物語を聞いたり読んだりする者はだれでも、「なぜモーセは、たとえシナイ山経由であったとしても、カナンへの最短距離の道を選んでそこに到達しようとしなかったのか？」という疑問をもつはずです。

ヨセフスは早々とその説明を行います。

「モーセース（モーセ）がヘブルびとのためにこうした道を選んだ理由は、ひとつには、もしエジプト人の気が変わり、彼らを追跡すれば、エジプト人はその悪意ある協定（約束）違反のために罰せられるべきだと考えたからである。もうひとつには、昔の反目関係のため（ヘブルびとに）敵意をもつパライスティネー（ペリシテ）人に自分たちの出発をなんとしても秘匿しておきたかったからである。それはパライスティネー人の土地がエジプトの土地と境を接していたからであり、そのためモーセースは、カナナイア（カナン）へ入るのに、直接人びとをパライスティネーに向かわせず、荒れ野を横断する長い苦しい旅を強いたのだった。もちろん、彼が民をシナイオン（シナイ）山に導き、そこで犠牲を捧げるようにと神の命令を考慮していたことはいうまでもない。」（二・三二二―三二三）

ヨセフスはここで「パライスティネー人」をペリシテ人の意で使用しているように見えますが、それ以上に、そのギリシア語はパレスチナ（パライスティネー）に由来しますから、ヨセフスは彼の時代のパレスチナに住む者たちを念頭においてその言葉を使用しているのです。もしそうだとすると、ヨセフスがパレスチナの土地がエジプトの地と境を接していたと述べるとき、彼が考えているカナンの地への最短距離のルートはパレスチナの地中海沿いの道であったはずです。それはユダヤ戦争のとき、ティトスが第一二軍団を率いて父ウェスパシアヌスが待つプトレマイスに向かうときに行軍した道であり、また後になってヨセフスがアレクサンドリアからカエサリアに向かったときの道でもあります。

出エジプト記一三・二〇―二二によれば、モーセの一行はスコットから移動すると荒れ野の端のエタムに宿営しますが、神は彼らを荒れ野の中の道なき道を進んでエタムに到着させるために、昼間は雲の柱で、夜は火の柱で導いたそうです。

雲の柱と火の柱。

何となくイメージできるものです。現代で言えば、この二つはカーナビでしょうが、ヨセフスはこのナビゲーション・システムに興味はまったく示しません。合理主義者ヨセフスはこんな奇跡などあり得ぬものだとするからです。

ファラオの軍勢の追撃

エジプト人の追撃がはじまります。

ファラオはモーセの一行を出発させたことを後悔したからです。

ヘブライ語出エジプト記一四・六―八によれば、ファラオが動員したのは「民」と、「選り抜きの戦車六〇〇台と、エジプトのすべての戦車」だそうです。ギリシア語訳では「エジプトのすべての戦車」は「エジプト人たちの全騎兵」です。「戦車」と「騎兵」では大きな違いがありますが、それはさておき、ヨセフスはそのときのファラオの軍勢を「六〇〇台の戦車と五万の騎兵、そして完全武装した二〇万の歩兵」(二・三二四)とします。ここでの「五万の騎兵」と「二〇万の歩兵」は出エジプト記には見られないものですが、その数字は、荒れ野の中を行く一〇〇万以上のイスラエルの子らを蹴散らすにはこれくらいの兵力が必要だと、対ローマのユダヤ戦争を前線で指揮した経験をもつヨセフスが想像してみせた数でしょう。それにしても途方もない数です。数の誇張は詐術の手段としてよく用いられるものですが、ここでの誇張は、出エジプト記を読む読者に、出エジプトの出来事がいかに大きな出来事であったかの印象を与えます。そこでの光景は、戦闘はなかったものの、イッソスでのマケドニアの王アレクサンドロス大王が率いるマケドニア・ギリシアの連合軍とダレイオス三世の率いるペルシア軍との戦い以上のものだったとの印象を読者に与えます。なにしろ、現代の古代史家が推定するそのときのマケドニア軍の兵力は。同盟軍のそれを入れて四万にも満たず、ペルシア軍の総兵力は約一〇万にすぎないのですから。

ファラオの軍勢はモーセの一行を懸命に追尾します。出エジプト記一四・一一以下は、モーセに向かって泣き言を口にする民について触れます。それにたいしてモーセは彼らに向かって次のように言います。

「勇気を出すのだ。さあ、おまえたちは立って、おまえたちのために今日なされる神からの救いを見るのだ。おまえたちは、今日エジプト人たちを目にしたように彼らを見ることは、もう二度と未来永劫にないからである。主はおまえたちのために戦われる。おまえたちはただ静かにしておればよい。」(一四・一三―一四)

ヨセフスはここでのモーセの言葉を次のように改めますが、彼はここでのモーセを「唇に割礼のない者」「口ごもる者」(ヘブライ語出エジプト記六・一二、同三〇)から「滑舌の男」に変えてみせます。

「おまえたちをここまでこうして立派に導いて来た指揮官たちを今になって疑い、これからも今までどおりにやってくれるだろうかなどと考えているならば、もちろんそれは正義に反することである。まして、このわたしを通して、おまえたちを奴隷の身から解放し救いだすために約束したすべてのことを、おまえたちの期待以上に実現なさった神の摂理を、今になって絶望することなどは、気違い沙汰である。

おまえたちは今おまえたちが絶望的と考える窮地に置かれているが、それでもなお神の救いを期待すべきではないか。神は今、おまえたちをこの逃げ場のない場所で敵の包囲に陥るよう仕向けられたが、それは、おまえたちも敵も、おまえたちが脱出できると考えるこの絶対的な窮地からおまえたちを救い上げることによって、神がご自身の力とおまえたちにたいする心遣いとを示そうとなさっておられるからである。

神が恩寵を垂れたもう人に自らの手をおかしになるのは、片々たる些事においてではなく、運命の打開に絶望しているのを見られたときに限る。

どうか、われわれを守ってくださる方を信じてほしい。その方こそ、矮小なものを偉大にする力をもち、このように強大な軍勢に戦闘不能を宣告する力をもっておられるのだ。

エジプト人の威勢の前にたじろいではならない。海と背後の山々で、もう逃げ道がなくなったと考えて救いに絶望的になってはならない。なぜならば、もしそれが神の意志であるならば、おまえたちのためにこれらの山々さえ崩されて平地となり、海の底からは乾いた地があらわれるからだ。」

（二・三三〇—三三三）

ヨセフス自身も「滑舌の男」です。そのため彼は絶望の淵に追いやられた者や救いの望みを絶たれた者を励ます言葉を創作いたします。それができたのは、彼が対ローマの戦争のときユダヤ側の指揮官を務め、ローマ軍の圧倒的兵力を前にして絶望のどん底に追いやられた同胞たちを励ます術を学んだからであり、またすでに『異教徒ローマ人に語る聖書』で述べたように、エルサレムが陥落・炎上する前に、救いの望みを絶たれた城内の同胞たちに向かって、さまざまな呼びかけを城外から行い、「滑舌」の総仕上げを行っていたからなのです。

モーセの祈り

さてギリシア語訳出エジプト記一四・一九―二〇によれば、このとき、「イスラエルの子らの陣営の先頭を行く神のみ使いが移動して、背後から行き、彼らの前の雲の柱も彼らの後ろに立った。そしてエジプト人たちの陣営とイスラエルの陣営の間に割って入った。すると真っ暗な闇が生じて、夜が割り込み、両陣営は一晩中、互いに接近することができなかった」そうですが、すでに指摘したように、ヨセフスは「雲の柱」のような、彼の合理主義では説明できない現象の出現は退けますから、ここでの彼は、別の仕方で、両陣営が一時的にせよ分かたれた事態を説明いたします。

彼は言うのです。「エジプト人は彼らの移動を目撃したものの、追撃で疲労し切っていたため、戦闘は翌日に延ばしたほうが賢明だと判断した」（二・三三四）と。

エジプト人たちが疲労困憊のために休めば、この間にモーセは行動を起こすことが可能とされます。そこでヨセフスは次のように言うのです。


「いっぽう、モーセース（モーセ）は、海辺に着くと杖を取って神に祈り、次のような言葉で、神が同盟者になり救いの手を差し伸べられるようにと願った。

『神よ、今の窮境から脱出することが人間の力や知恵をもってしては行い得ないことは、あなたご自身がよくご存じです。あなたのご意志にしたがってエジプトを立ち去ったわたしたち大勢の者にたとえ救いの手段があるにしても、それを用意してくださるのはあなたご自身でございます。

わたしたちは、他のいっさいの希望や手段を捨て、ただあなたのお力にすがり、あなたのお心遣いによってわたしたちがエジプト人の怒りから救っていただけるものかどうか、ただただ見守るばかりです。あなたのお力がわたしたちに示されるその救いのときが一刻も早く来ますように。希望を失って悲嘆のどん底で呻吟しているこの民の心を奮い立たせ、彼らに平静と救いの確信をお与えください。

わたしたちがこうして閉じ込められているところはすべてあなたの支配されている所です。あの海はあなたの海であり、わたしたちを取り囲むこの山もまたあなたのものです。すなわち、あなたの命令によって、その囲みをとかせ開かせることもできれば、海の底を乾いた土地にすることもでき、さらに、そうしようと考えれば、その万能のお力によって、わたしたちを空から脱出させて救うこともおできになるのです』と。」（二・三三四―三三七）

ヨセフスは先にヘブルびとの陥った苦境を説明するにあたり「そしてエジプト人は、ヘブルびとが逃走を図ると考えた道はすべて絶ち切り、ついに彼らを断崖と海の間に閉じ込めてしまったが、そこはごつごつした岩地のため道ひとつない山が海岸まで延びており、退くことはできなかった。そこで山が海に接している隘路をしめたエジプト人たちは……」（二・三二四―三二五）と述べたり、「彼女たち（モーセの一行の女たち）には山と海と敵に阻まれて逃れる所はどこにも見あたらず」（二・三二八）と述べたり、その創作したモーセの訓戒ではモーセに「あの海はあなたの海であり、わたしたちを取り囲むこの山もあなたのものです」と言わせることで、モーセの一行が置かれた状況、すなわち「前は海、後ろは山」の身動きできない状況をつくり出します。もちろん、ここで「一〇〇万以上のモーセの一行が追い込まれる『前は海、後ろは山』の場所は、世界広しといえどないであろう」などと茶々を入れてはいけません。これはフィクションです。このフィクションの中の状況設定にあずかったのは、ヨセフスが資料としたアレクサンドロス大王の東方遠征の記事ではなかったかと思われます。これについては先に進んでから取り上げます。

エリュトラ海の奇跡

出エジプト記一四・二一によれば、モーセが手を海の方へ差し伸べると、摩訶不思議なことが起こり、事態は一変いたします（図29）。

海は夜通しはげしい東風（ギリシア語訳では南風）で押し返され、海の底は乾いたものになるのです。ところで、ヘブライ語出エジプト記もそのギリシア語訳も、モーセは手を海の上に差し伸べるだけで、彼にはあまり勢いがありません。ヨセフスは、祈りを終えたモーセが「杖で海面を強く叩くと」と述べてモーセに勢いを与え、「その一撃によって海は急に後退しはじめ、そのあとにはヘブルびとが逃げられる土地があらわれた」（二・三三八）とします。ヨセフスがここでモーセに杖をもたせるのは自然です。なぜならば、出エジプトの交渉に臨んだモーセとアロンがファラオの前で奇跡を演じるために使用したのは杖だったからです。

エジプト軍の壊滅

さて、モーセの一行を追尾するエジプト軍です。総指揮官はファラオです。

ヘブライ語出エジプト記一四・二四によれば、主は追撃してきたエジプト人の陣営を攪乱させたば

図 29●「エリュトラ海の奇跡」

かりか、彼らの戦車の車軸をはずして動けなくしたそうです。ギリシア語訳は、主が戦車の車軸を縛り、その前進を困難なものにしたとするのですが、ヨセフスはこの詳細には触れません。それにつづく出エジプト記の記述にエジプト軍の戦車や騎手が海に入って行ったとする一文がつづくので、ヨセフスは、前進を阻まれた戦車がどうして前進できたのかと素朴な疑問を抱くか、神（主）の擬人化に戸惑ってここでの詳細を無視したのでしょう。

エジプト軍がイスラエルの子らが渡った同じ乾いた土地に入って行くと、海の水は元に戻ります。ファラオの全軍の兵士たちは溺死して滅びます。

ヨセフスはこの場面を想像力を駆使して次のように記します。

「さて、エジプト人の全軍が（海であった地に）入り終わると、突然、海がうねりの向きを変えて八方から彼らを包み込み、烈風に煽られた逆巻く波がはげしく彼らに襲いかかった。天からは、雨が滝のように降り注ぎ、閃光を伴った雷鳴が轟音とともに炸裂した。ひとことで言えば、神の怒りのしるしとして人類に見舞う破壊的な諸力のいっさいが、その瞬間に働いたのである。暗闇の夜となり、暗黒が彼らを包んだ。こうして彼らはひとり残らず死んだ。もちろん、エジプトに残された家族の者たちにこの災禍を伝える者はなかった。」（二・三四三―四四）

ヘブルびとの歓喜

ヨセフスはつづけてヘブルびとの歓喜の場面を想像し、さらに出エジプト記第一五章が言及する「海の歌」に言及します

「いっぽうヘブルびとは、この意想外な救いと敵の壊滅とにわれを忘れ、有頂天になって喜んだ。彼らを奴隷にしようとした者は滅び、しかも神がこのように明らかに支援してくださったからには、自分たちは勝利を確実に手にしたと信じたのである。

彼らはこうして危地を脱出し、そのうえ敵はそれまでの人類の記憶にない仕方で神の罰を受けたので、夜を徹して神をほめたたえ、楽しみに打ち興じた。モーセース（モーセ）も神の恩寵を感謝する頌歌を六歩格の詩行に託した。」（二・三四五―四六）

ここでわたしの訳文中の「奇跡的な救い」を「意想外な救い」ないしは「意想外な仕方での救い」に改めます。ギリシア語はパラドクソス・ソーテリアです。パラドクソス（パラ＋ドクサ）の意味を他の用例から検討し直してみたからです。ここでの「六歩格の詩行」は、本書の最終章で触れます。

アレクサンドロス大王と奇跡

ヨセフスは多くの読者が眉に唾してエリュトラ海での奇跡物語を読むことを想定しているようです。そのため彼は次のよう言います。

「ところで、わたしがここで述べた仔細のすべては、聖なる文書に語られているままに再現したにすぎない。しかし、その驚嘆すべき内容のために、それを率直に受け取りがたいとされたり、あるいはまた、悪徳に染まっていない遠い昔の人が、神の意志からであれ偶然であれ、海そのものから救いの道を与えられたという話に疑問を抱かれる方たちは、次の事実を見て、その疑念を取り下げていただきたい。すなわち、マケドニアの王アレクサンドロスとその兵士たち──彼らはそれほど昔の人ではない──が、他に道が見あたらず（困惑していた）とき、（目前の）パンフリア海が（急に開けて）道になったことがある。もちろんそれは、神がペルシア帝国の崩壊を望まれたときの出来事であったが、アレクサンドロスの功業を書き記した歴史家がすべて一致して触れている奇跡である。

ともあれ、この種のことは、各人それぞれの意見に委ねて構わないものであろう。」（二・三四七─四八）

ヨセフスはここで、パンフリア海が開けて道になった話に言及する者として「アレクサンドロスの功業を書き記した歴史家たち」としますが、彼らの名前を具体的には挙げておりません。わたしたちがここですぐに思いつく歴史家といえば、アレクサンドロスの遠征に記録官として参加したカリステネスであり、ストラボーンであり、アッリアノスであり、プルタルコスです。

最初はカリステネス（三七〇年ころ―三二七年ころ）です。彼ならば記録官としてパンフリア海徒渉について何か書いていたと思われるのですが、彼の著作は伝存しないのです。しかし彼の著作について言及した一二世紀の物書きがおります。コンスタンティノポリス生まれのエウスタティウスです。彼は『ホメーロスのイリアッドとオデュッセイア註解（パレクボライ・エイス・テーン・ホメールー・イリアダ［カイ・オデュッセイアン］）』の第三巻で、「このカリステネスはどのようにして道がアレクサンドロスのために開かれたばかりか、その水位が（後になって）上がり、高くなり、王としての彼に敬意を払った」と述べております。

次はストラボーン（前六三年ころ―後二三年ころ）です。

ヨセフスは『古代誌』第一三巻、第一四巻、第一五巻で、ストラボーンの著作のひとつ『地誌』（図30）に見られる言説を盛んに引用いたしますが、その『地誌』一四・三・九は、パンフリア海の近くにカリマックスと呼ばれる山があり、その山から海岸まで狭い隘路《あいろ》がつづいていることを述べた後で、パンフリア海を渡ったアレクサンドロスの軍勢について、次のように言っております。

「他方、アレクサンドロスは冬の嵐の季節にぶつかったが、多くの場合運命の女神（テュケー）に身を委ねる男でもあったので、高波が引き返してくる前に突き進んだ。（兵士たちは）終日、へそのあたりまで水につかりながら行進をつづけた。この場所もパンフリアの国境の方に位置しているリュキアの町である。」

次はプルタルコス（四六ころ―一二〇以降）です。

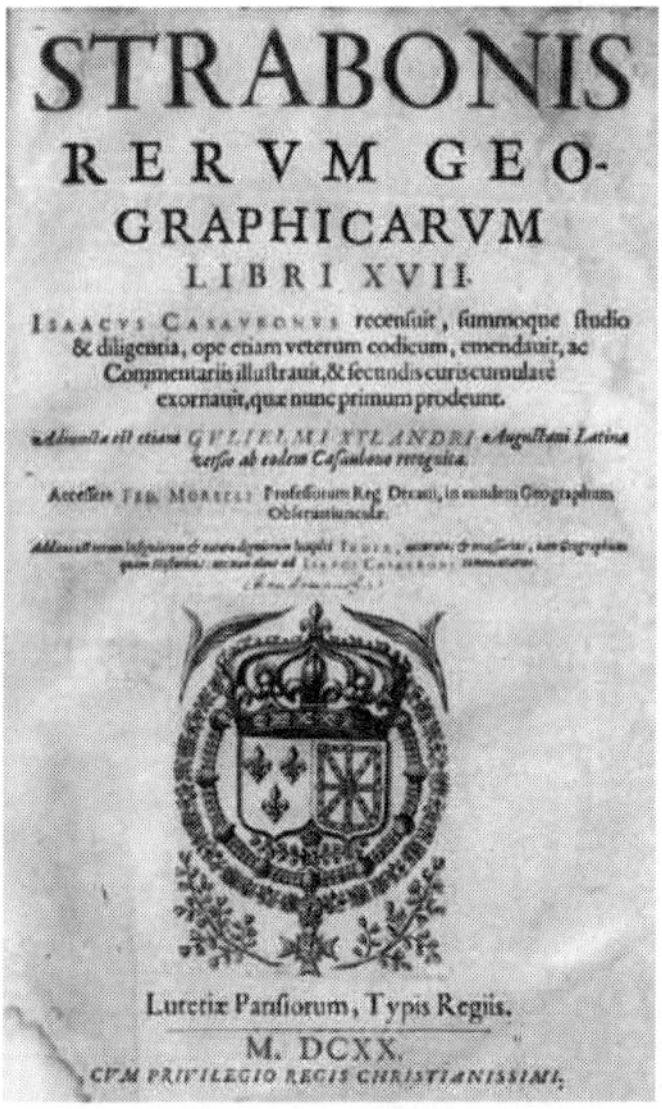
STRABONIS
RERVM GEO-
GRAPHICARVM
LIBRI XVII.
ISAACVS CASAVBONVS recensuit, summoque studio & diligentia, ope etiam veterum codicum, emendauit, ac Commentariis illustrauit, & secundis curis cumulatè exornauit, quæ nunc primum prodeunt.
Adiuncta est etiam GVLIELMI XYLANDRI Augustani Latina versio ab eodem Casaubono recognita.
Accessere FED. MORELLI Professorum Reg. Decani, in eundem Geographum Observatiunculæ.
Lutetiæ Parisiorum, Typis Regiis.
M. DCXX.
CVM PRIVILEGIO REGIS CHRISTIANISSIMI.

図 30●ストラボーンの『地誌』、1620 年版

ヨセフスは同時代人であるこのギリシア人著作家の作品を資料として使用しておりませんが、この人物もその著作『アレクサンドロス』一七で次のように言っております。

「パンフリアを急いで通り抜けたことは、しばしば歴史家の驚異、誇張のたねとなった。いつも海から荒波が打ち寄せて、山の切り立ったがけの下の方に狭い鳴り響く岩をたまにだしているだけであるのに、何か神からの幸運が授けられて、海がアレクサンドロスに道をゆずったというのである。メナンドロスも明らかにこの奇跡にひっかけて彼の喜劇の中で次のように戯れている。『こいつあまったくアレクサンドロスみたいだ。だれか人を捜すってえと自然にそいつが現れるし、どうしても海を渡って行かなけりゃならないってえと、渡れるようになる』と。」（井上一訳、筑摩書房）

最後はニコメディア出身のローマの歴史家アッリアノス（八六ころ―一六〇）です。ヨセフスがこの人物の著作を知り得たことは年代的にあり得ませんが、この人物は『アレクサンドロス大王東征記』（岩波文庫）一・二六で、パンフリア海を渡るアレクサンドロスについて次のように申します。

「一方彼（アレクサンドロス）自身は手勢を率いて海岸を磯づたいに進んだが、ここでは北風が吹くとき以外には、通れる道さえもなかった。南風が吹きつのるときには、磯づたいにここを行くことは不可能だったのである。そのときはたまたま南からのはげしい風のあとに、北風が起こった。

そのことはアレクサンドロス自身も部下たちもが、当時そう解釈したように、まさしく天佑なきにしもあらずだったわけだが、ともかくそのおかげで彼らは難なく、すみやかにこの難所の通り抜けができたのであった。」（大牟田章訳、岩波文庫）

ここでの大牟田訳の訳文「天佑なきにしもあらずだったわけだが」（ウーク・アネウ・トゥー・テイウー）は少しばかり勢いがなく、わたしならば「間違いなく神の介入によるものだった」と訳し、それにつづく一文も「彼らの移動を容易なものにし、またそれを早めた」と直訳したいところです。

すでに見てきたように、ヨセフスはモーセの一行を逃げ場のない状況に置いておりますが、ストラボーンの資料から明らかなのは、ヨセフスが彼の記述を参考にしているということです。カリステネスの使用に関しては何ともいえません。

奇跡にたいするヨセフスの態度

さてここで問題にしたいのは、ヨセフスの引用文の末尾に「ともあれ、この種のことは、各人それぞれの意見に委ねて構わないものであろう」と書かれていることです。

この一文を読むとき、わたしたちは『異教徒ローマ人に語る聖書』で取り上げた、ノアが洪水の後三五〇年生き、九五〇歳でなくなったとする創世記九・二八をヨセフスが再話した箇所を思い起こすはずです。ヨセフスはそこで「ところで読者諸氏は彼らの寿命を自分たちの寿命の短さに比べて、彼らについての記録に間違いがある、などと勝手に想像し、今ではこのように長命の人はいないから、彼らもそれほど長命であったはずはなかろう、などと推量しないでもらいたい」(一・一〇五)と述べた後、古代人が現代の者たちよりも長生きしていることを古代史を著した者たちが証言しているとしてその者たちの名を挙げ、最後に「しかし、これらのことの真偽については、各人の好みによって決定するより仕方があるまい」(一・一〇八)と述べて、全体を締めくくっております。ここで使用されている結末句やそれに類した結末句から、ヨセフスの奇跡にたいする態度が明確にされます。

この態度は、シナイ山での十戒授与の出来事を語るときの結末句「ところで、読者各自がこのような出来事をいかに思われようと、それはまったく自由である」(三・八一)や、モーセがレプラ患者であるとする謬見を否定してみせた一文の結末句「いずれにしろ、この種の問題は、各人の判断に委ねるより仕方があるまい」(三・二六八)、モーセの教えの永続性の具体例を挙げてみせたときの結末句「なおこの件に関しては、人はそれぞれの見解をもって一向に差し支えない」(三・三二二)、バラムの預言物語を語った後での結末句「もちろん、バラムの預言物語について、読者諸兄がどのようにお考えになられようと自由である」(四・一五八)、あるいはエチオピア人が割礼の風習をエジプト人から学んだとするヘロドトスの言葉を引用した後、その所説に反論を加えた後の結末句「いずれにしろ、この件に関しては、各自、自由に発言していただこう」（八・二六二）などに認められるものです。

ここで繰り返し見られるヨセフスの合理主義的な態度は、実は、彼が『ユダヤ古代誌』を著作するときの手本としたハリカルナッソスのディオニュシオス（前六〇—後七以降）の『ローマ古代誌』二〇巻の中ですでに認められるもので、それとの関係でヨセフスの合理主義的態度を云々する学者がおります。たとえばディオニュシオスは、同書一・四八・一で、ローマ人の先祖となったアイネアスのトロイアからの脱走について、ヘロドトスの同時代人レスボス島のヘラニコスの『トロイカ』を典拠として語った後、その他の著作家たちもこの出来事に触れているとして、「しかしながら、（この件の真偽のほどについては）読者の一人ひとりにその判断を委ねよう」で締めくくっておりますが、同書一・四八・一、一・四八・四、二・四〇・三、二・七〇・五、三・三五・五でも類似の結末句は認められます。そのためヨセフスはディオニュシオスからそうした結末句の使用方法を学んだと想像されたりするわけです。その想像は正しいものと思われますが、わたしはむしろヨセフスがローマのフラウィウス家が主宰する文人サロンで、自民族の歴史を語るときのマナーを学び、それを身につけるようになったと想像いたします。そのようなサロンでは、ユダヤ民族の神だけが唯一絶対の神であるとか、聖書に書かれているモーセの事績はすべて真実であるなどとは口にできるものではないからです。そのようなことを口にすれば、「奇跡を起こしたおまえたちの神は、なぜエルサレムの都と神殿を救えなかったのか？」と反論されるのがおちだからです。ヨセフスはかつて自分を鎖に繋いだ敵将であった皇帝の庇護のもとで生き伸びる術を本能的に身につけているのです。

『黄金伝説』のクレメンス

最後にもう一度脱線いたします。

ここで是非ご紹介したいのは、一三世紀に著わされたヤコブス・デ・ウォラギネの『黄金伝説』第四分冊（平凡社刊）に見られる「聖クレメンス行伝」です。

このクレメンスはローマの第三代の司教をつとめた人物（在位九二年―一〇一年ころ）で、エウセビオスの『教会史』（拙訳、講談社学術文庫）三・一五ほかにも「監督＝司教」として登場いたします。六世紀につくられた『聖クレメンス行伝』によれば、この監督はトラヤヌス帝の時代に現在のクリミヤに追放されたそうです。そのとき彼は土地の人びとが水不足で苦しむとき、祈ります。すると子羊（キリスト）が彼に現れ、湧き水の場所を教えます。そこでクレメンスが鶴嘴《つるはし》でそこを撃つと、大きな泉が湧出したというのです。この奇跡に驚いた人びとはクレメンスから洗礼を受けますが、その騒ぎはローマの皇帝トラヤヌスの耳に達します。皇帝の怒りを買ったクレメンスは、首に錨をつけられて海中に投棄されて殉教しますが（図31）、彼の弟子が祈ると、「たちまち三マイルかなたまで海の潮が引いた。おかげで信者たちは、足をぬらさずに海の中に入って行くことができた。そこには、神殿

図 31●「聖クレメンスの殉教」、ベルナルディノ・フンガイ、1500 年頃、City Art Gallery, York.

のような大石の建物が見つかった。これは神が置かれたものに違いなかった。建物のなかには棺がひとつ安置されていて、聖クレメンスの遺体が眠っていた。遺体の横には錨が置いてあった。聖遺体はここから移してはならぬというお告げが二人の弟子にあった。そのかわりに、毎年、聖クレメンスが受難した時期になると、七日間三マイルのかなたまで海の潮が引き、ここに詣でる巡礼者たちに乾いた道を用意するのである」（三三六頁）。

このクレメンス物語は、出エジプト記のフィクションが新たなるフィクションを生み出した例です。その新たなるフィクションは伝説となって広まり、その伝説はやがて「歴史化」されて真実の物語とされます。「モーセは荒れ野で岩を撃って水を湧出させたのは事実だから、聖人のクレメンスが鶴嘴で水を湧出させたことも事実である」とか、「エリュトラ海の奇跡は事実なのだから、潮が三マイル引く奇跡も間違いなく事実である」とされます。とはいえ、キリスト教の信者たちでも、海底に彼を祭る霊廟をつくるわけにはいきませんから、彼を記念する聖堂か何かを陸の上に建てクレメンス詣でをするようになるわけです。めでたし、めでたし、なのです。

「海底《うみぞこ》や
監督飛び込む
錨《びょう》の音」

モーセのように道草ばかりくっていては先に進めません。
モーセの一行はシナイ山に向かいます。

第6章……シナイ山への行進

シナイ山への行進

一難去ってまた一難。

それどころではありません。一難去っても、待ち受けているのは多難です。苦難の中での荒れ野の行進がシナイ山まで三〇日にわたってつづきます。

ヨセフスは出エジプト記一五・二二以下で語られている物語、すなわちマラの苦い水とエリス（一五・二二―二七）や、鶉《うずら》の飛来とマナ（一六・一―三六）、ホレブの岩から湧出した水（同書一七・一―七）、アマレクとの戦い（一七・八―一五）、義父エトロの宿営地訪問と助言（一八・一―二七）などを再話いたします。

ヨセフスはそのさい、奇跡には合理的な説明を施します。ヘブライ語出エジプト記やそのギリシア語訳から到底引き出せないような詳細を創作します。彼の再話の一々はテクストを読んでいただくとして、ここではそれに立ち入りませんが、みなさん方にお尋ねしたいことがあります。わたしたちはここまでで出エジプト記を「歴史」でなくて「物語」として読んできておりますが、この物語に認められる最大の瑕疵《かし》は何でしょうか？　お分かりになるでしょうか？

すでに見てきたように、モーセが率いた一行は女・子供、軍団に登用されない者たちを含めれば一〇〇万以上にもなりますが、その一行中の当然の出来事として日常的に起こる新しい生命の誕生や死の光景がどこにも描かれていないのです。

シナイの荒れ野は想像を絶する過酷な自然的条件のもとにあります。荒れ野の中の一〇〇万以上の人間の移動では、毎日、数千の者が水不足からばたばたと倒れてもおかしくないのに、またその過酷な条件にもかかわらず新しい生命が天幕や岩場の陰で誕生してもおかしくないのに、それがないのです。そしてまた、荒れ野の中の行動では水や食べ物をめぐる争いや殺しなどが毎日何十件、いや何百件あってもおかしくないのに、それがないのです。

それでは、以上の記述上の瑕疵を承知の上で、ヨセフスがシナイ山に到着するまでの荒れ野での出来事にモーセをどう関わらせたかを見てみようではありませんか。

荒れ野について

ヨセフスは、エリュトラ海の奇跡でエジプト軍の追尾から逃れたモーセの一行が進まねばならぬ荒れ野の土地について、

「この地域はまったくの荒れ野で、一行が食べるようなものは何もなく、水も極度に不足していた。いや、この地域は、人間の食料がなかったばかりでなく、草木を育てる水分のまったくない乾き切った砂地だったために、いかなる種類の家畜も養うことができなかった。他に選ぶべき道もない彼らが旅をしなければならなかったのは、実にこのような地域であった」(三・一)

と述べます。ヨセフスは七〇年近くにローマ軍に同道してアレクサンドリアからペールシオン経由で地中海の海沿いの町カエサリアに行っております。また七〇年の秋に戦争が終わると、彼はティトスに同道してローマに行きましたが、そのときはカエサリアからペールシオン経由でアレクサンドリアに向かっております。ですから彼は、水なき「荒れ野」の恐ろしさをよく承知しているのです。

この荒れ野の中に一〇〇万以上の人間が投げ出されたらどうなるのでしょうか?

荒れ野の中に投げ出されれば、たとえ小さな集団やグループであっても、そこでたちどころに上がる泣き言と不平・不満は、「なぜおれたちの指導者はおれたちを救おうとしないのか」であり、「なぜ

おれたちはこんな指導者にいつまでもついていくのか」であり、「こんな指導者について来るのではなかった」です。ハガルとイシュマエルが荒れ野に捨てられたときには、み使いが現れて、水の所在の場所を教えてくれましたが、あの創世記のみ使いはどこに行ってしまったのでしょうか？　開店休業状態だったのでしょうか？

人びとの不平・不満

そこでヨセフスは、出エジプト記のマラの苦い水についての話を再話するにあたり、あらかじめ次のように言うのです。

「モーセース（モーセ）には、人びとの意気消沈や事態の深刻さがよく分かっていた。なぜなら彼の率いる軍団が、困窮から来る苦しみに男らしく毅然と立ち向かえるほど強健ではなく、何ひとつ道理の分からぬ女・子供の無統制な集団によって軍団本来の高貴な精神が損なわれていたからである。そして、すべての者の苦難を自分のものと考えるモーセースの立場で、さらにいっそう危機に瀕したのは言うまでもない。事実、すべての者がモーセースひとりのもとに押しかけては、妻は子供を、夫は妻をなんとか救ってくれ、自分たちを見捨てないでくれ、と責め立てたのである。」

（三・五—六）

出エジプト記一六・一以下によれば、人びとがモーセとアロンに不平や不満をぶつけはじめるのは、エリム出立後に入った「シンの荒れ野」においてですが、ヨセフスはそれをエリムでの出来事としま す。そのため彼は、出エジプト記がエリムには「一二の泉があり、そして七〇本の棕櫚が繁茂してい た」（一五・二七）としか言っていない一文を

「……ナツメヤシの木も七〇本たらずで、しかも水不足のためにいずれも小さく、生育がとまって いた。土がすべて砂地だったからである。また一二の泉も、それらに十分給水できるほど水が出る わけではなかった。湧水でも噴水でもなく、ただ数滴の滴が出ているだけであった。砂をかいても 何も出ず、たまに掌中に数滴の水がたまっても、水質が悪くとても飲めるものではなかった。また 木々も、活力を与える水が不足していたために結実していなかった。」（三・九—一一）

ともっともらしく説明した上で、また人びとが不平・不満をぶつけないわけにはいかなくなる状況 をつくり出した上で、モーセについて次のように言うのです。

「このような事情のために人びとは、今自分たちがなめている窮乏と苦難の責任はすべてモーセ—ス（モーセ）にある、と声高に指揮官を非難しはじめた。事実、その日は彼らが行進しはじめてか

ら三〇日目であったが、携えていた食料はすべて尽き、道中でも何も見つけることができなかったので、彼らはまったくの絶望状態にあったのである。彼らの心は、今なめている苦難だけでいっぱいになり、神の恩寵やモーセースの徳と聡明さによって与えられた幸福をまったく忘れてしまい、現在の危難の最高責任者は指揮官である、と（はげしい）怒りを彼に向け、今にも石を投げつけようとした。しかしモーセースは、このように興奮してはげしい怒りを自分に向ける群衆を前にしながらも、神を信頼し、同胞への自分の心遣いに自信をもっていたので、怯《ひる》む気配も見せず、石を手にしてなおも立ち騒ぐ群衆のただ中へ進んで行った。そして彼は、その魅力的な風貌と、大勢の群衆を前にしたときに示す独特の説得力によって、彼らの怒りを鎮めはじめた。」（三・一一—一三）

指揮官が非難される状況の設定

ヨセフスはここで、民のはげしい怒りが一行の最高責任者である指揮官モーセにぶつけられたことを繰り返し強調しますが、ここでの「指揮官」とは、対ローマのユダヤ戦争でエルサレムの「民会」（ト・コイノン）から指揮権をもってガリラヤに遣わされたヨセフス自身がその地で経験した「指揮官」とダブルものであることは間違いありません。ヨセフス自身はガリラヤのティベリアスやその他の町や村で罵声や怒声を浴び、投石されたことなどは再三であったでしょうから（『自伝』）、彼にとっては、指揮官が非難される状況設定などはお手のものであったに違いありません。

わたしたちはすでにヨセフスが、三歳のときのモーセの容貌の美しさを強調しているのを見ましたが、ヨセフスはここで、すでに語った彼の容貌の美しさを思い出したかのようにして、彼の「魅力的な風貌」と「独特の説得力」を強調します。ギリシア語には、容貌が美しいばかりか徳ある理想的な人物に言及するのに「カロス・カイ・アガトス→カロス・カガトス」という独特な表現があります。わたしは『異教徒ローマ人に語る聖書』において、アブラハムにはじまるその係累の者たちが「徳（アレテー）ある人物」として描かれていることを述べましたが、本書においてはモーセも「徳ある人物」であることがここまでで何度も強調されております——その徳行には「武勇」も入れられております。ここでモーセの容貌の美しさが改めて強調されれば、彼が一〇〇万以上の者たちからなる大軍団の指揮官として立派な人物であったばかりか、ギリシア人読者にたいしては、彼が徳高き理想的な人物であったことを訴えるものとなり、またローマ人読者にたいしては、彼が名将ウェスパシアヌスのような人物であったことを訴えるものとなります。

ヨセフスはつづいて、モーセがどのようにして怒り狂う者たちの感情を鎮めたかを、神がここまで彼らに示した数々の恵みと配慮を想起させ、神の意志に背いて彼らを引き留めようとしたエジプト人がどのようにして滅ぼされたかをも同時に想起させた後で、現在「多少の苦難を経験しても、それは神が無関心からではなく、神がそのようにしても、彼らの人間としての勇気と、彼らの自由にたいする熱情とを試みておられると思うべきである」（三・一九）と強調し、彼らがモーセにたいして「石を投げようとするのを押しとどめた」（三・二二）と述べて、この一文を結ぶのです。わたしたちはこの結末の言葉を読むとき、紀元後七〇年の秋で、いよいよエルサレムの神殿にティトスの率いるローマ軍によって火を放たれる直前に城壁の外に立たされ、城内の同胞たちに向かって最後の投降の呼びかけをするヨセフスの姿が浮かんできます。そのとき彼が同胞たちに向かって語りかけた言葉が想像されます。それは「おまえたちは今飢えや水不足、そして疫病に苦しめられており、城内の死傷者は連日ベヒンノムの谷に城内から投げ捨てられているが、神は沈黙しておられる。それは神が無関心からではなく、神はそのようにしても、おまえたちの人間としての勇気を、おまえたちの自由にたいする熱情とを試みておられると思うべきである」に近いものではなかったでしょうか。

ヨセフスとモーセの違いは、ローマ軍に通謀していると疑われたヨセフスが、城壁の上に立つ同胞たちの投石の標的にされたのたいして、荒れ野の中では、多分、モーセに向かって投げる石などなかったことです。

ヨセフスによれば、民に向かってこうは語ったもののモーセは、「困窮によって生まれた彼らのこのような感情には無理からぬ面もあると思い、彼も祈願と嘆願によって神に近づくべきだと反省した」（三・二二）そうで、モーセの祈りと嘆願の結果、うずらの一群が彼らの宿営の近くに降りてきて、彼らの食料となり、さらには天からもマナが降ってきたとされるのです（図32）。

図 32●「鶉の奇跡」

レフィデムの水の湧出

レフィデムに到着すると、民は乾きのため再び怒りをモーセにぶつけます。しかしそのとき、彼は眼前の岩を棒で撃って水を沸出させるのです。

ヨセフスは次のように申します。

「（この出来事によって）神からかくも厚く信任されているモーセース（モーセ）にたいする賛美の念が人びとの間で生まれた。そして、自分たち（の幸福）にたいする神の心遣いへの返礼として、彼らは犠牲を捧げた。なお、神殿に保管されている文書も、水が岩から湧き出すことを神がモーセースに預言されたことを証ししている。」（三・三八）

神殿で保管されている文書とは？

ここで言及されている「神殿に保管されている文書」とは何を指すのでしょうか？

類似のものと見なして差し支えない表現が、本書四・三〇三（「神殿内に（保管されている）文書で」）や本書五・六一（「神殿に保管されている文書」）で見られるだけに気になります。エルサレムの

「神殿」(ト・ヒエロン)はすでに焼け落ちております。なぜヨセフスは「保管されていた」と過去形では言わずに、「保管されている」と現在形で言ったのでしょうか? わたしたちは『戦記』の記述から、ローマ軍が神殿に火を放つ前にそこからトーラの巻物をはじめとするユダヤ民族の重要文化財を持ち出したことを知っております。戦利品というのは、ローマの凱旋のパレードで沿道の市民たちには、「おれたちは確かに戦ってきたぞ。ここにその証拠がある」と言って見せるためのものですが、わたしにはそのときの戦利品の中に神殿の祭儀などで使用するあまたの文書が入っていたと想像されます。たとえば、イギリスの著名なヨセフス学者でギリシア語訳聖書の研究者でもあったサッカレーが想像した神殿聖歌隊が使用する典礼用の聖歌集などの類もそうで、重要だと見なされて持ち出されたものの中には真に重要なものと紙屑同然のものが混在していたはずで、ローマでのヨセフスはその仕分け人になって持ち出された文書類のランクづけを行い、最重要なものは彼が居候するフラウィウス家の「聖なる場所」に保管されていたのではないでしょうか? もしそうだとすると、ここでわたしたちが、ヨセフスが「保管される」と現在分詞を使用して、その書類の置かれている状況を示したと想像してもおかしくはなく、また「神殿」の訳語を与えるト・ヒエロンに「聖所」ないしは「聖なる空間」「聖なる場所」の訳語を与えても一向に差し支えないのです。ただし、最後まで分からないのはその文書の性格です。なお『異教徒ローマ人に語る聖書』で触れたと思いますが、ここでもう一度想像しておいてほしいのは、ローマにおけるヨセフスには、神殿から持ち出された五書の巻物に直接アクセスできる機会は十分すぎるほどあった、いやもしかしてそれは著作するヨセフスの机の上に置かれていたとさえ想像することさえ可能なのです。

アマレク人との戦い（1）

出エジプト記一七・八以下によると、モーセの一行は、砂漠の中の住人アマレク人の襲撃を受けることになります。

ヨセフスの再話では、アマレク人は「完全装備をした者」と分類され、モーセの一行は「素手で戦わねばならなかった」集団とされます。確か、モーセの一行は、エリュトラ海徒渉で全滅したエジプト軍の武器は「翌日……潮の流れとその方向へ吹いていた風の力でヘブルびとの陣営に運ばれてきた」（二・三四九）のであり、彼らはそれを「武器ですら欠くことのないようにという神の心遣いによるものと考え、それらを拾い集めた」（前掲箇所）のですから、アマレク人と素手で戦わねばならないというのは、彼らが「神の心遣い」による武器を砂漠の中で捨ててきたと想像しなければなりません。

ヨセフスは民を激励するモーセを想像し、彼に演説をさせます。

「勇気をもつのだ。神のご意志を信頼せよ。われわれは神のご意志に促されて自由を獲得し、われわれにそのとき戦いを仕かけた連中に勝ったではないか。

われわれは神を同盟者としているかぎり、われわれの軍隊が強大で、何ひとつ欠けているものはなく、武器も、金も、食料も、そして戦争に赴く者が所有していれば心強く思われるその他すべてのものを所有していると考えるのだ。

一方、敵の軍隊は弱小で、武器を欠き、力も劣っている。彼らは、すでに神も承知しておられるような力のない連中であり、神も(われわれが)勝利を得ることを望んでおられる。

われわれは、戦争以上に恐ろしい多くの体験から、神がいかなる保護者であるかを知っている。戦争は人間にたいして行われるものにすぎないが、われわれが今日まで耐えしのんできた絶望的な危機は、飢餓であり、渇きであり、まったく逃れる手段のない山や海であった。しかもわれわれは、それらを神の恵み深い加護によって克服してきた。

どうか今はできるだけの闘志を傾けて戦ってほしい。敵を破れば、その報酬として、あらゆるものが豊富におまえたちに与えられるのである。」(三・四四―四六)

ここでの「指揮官」モーセは、完全武装したローマ兵を相手に素手同然の乏しい兵力でもって戦おうとして同胞たちを激励する「指揮官」のヨセフスです。武器が十分にないときに頼れるのは神しかおりません。「神頼み」しかありません。「苦しいときの神頼み」とはよく言ったものですが、そのとき神は「同盟者」（スュンマキア）とされます。「同盟者」を意味するギリシア語は「神が一緒に戦ってくれる」ことを意味しますが、神はどこでどう一緒に戦ってくれるのでしょうか？

出エジプト記一七・九によれば、アマレクがやって来てイスラエルと戦うことになりますが、そのときモーセはヨシュアを傍らに呼び出して次のように言ったそうです。「おまえ自身のために強い男たちを選び出し、明日、アマレクと戦うために出撃するがよい。わたしは丘の頂の上に立っている。神の杖は私の手の中にある」と。

ヨセフスはこの一文を次のように再話いたします。

「ついで彼（モーセ）は、部族長たちと（その他）責任ある地位にある者たちを、個々に、あるいは同時に呼び出し、若者は年長者にしたがうこと、そして年長者は指揮官（である）モーセース（モーセ）にしたがうように命じた。

さて、彼らは意気軒昂として危険を迎え、苦境から脱するのも間近いと信じて、どのような恐ろしいことにもたじろがぬ覚悟をすると、モーセースに、遅くなれば自分たちの志気も衰えかねないとばかりに、一刻も早く敵に軍を進めるよう迫った。

そこでモーセースは、人びとの中から戦闘能力のある者をすべて選び、イェースース（ヨシュア）を彼らの長とした。彼はエフライミス（エフライム）部族のナウエーコス（ヌン）の子で、その勇気は抜群であり、いかなる労苦にも雄々しく耐え、知力も説得力にも恵まれている上に、モーセースから学んだ神への敬虔な信仰を崩さず、ヘブルびとの尊敬を受けている人物だった。

モーセースはまた、少数の武装した者を女・子供と幕舎全体を守るために井戸の周りに配置した。人びとは夜を徹して（戦闘の）準備と傷んだ武器の手入れにあたり、モーセースの命令一下、ただちに（敵との）戦闘に飛び込もうと、指揮官たちの動静を窺っていた。

モーセースはその夜は、戦闘中の群の配置はどうあるべきかをイェースースに教えるためにほとんど眠らなかった。

さて、モーセースは朝になって最初の曙光が射しはじめるともう一度イェースースを励まし、彼が託されている期待に背かぬ立派な行動をとり、教えられた指揮法にしたがい軍隊の名をその功業によって高めるようにと言った。

次にモーセースは、ヘブルびとの中のもっとも著名な人たちひとりずつに訓戒を与え、最後に、武装した全軍団を鼓舞する演説を行った。そしてモーセース自身は、激励の言葉で軍団を奮い立たせて作戦行動の準備を終えると、山の中へひとり退き、戦闘の結末を神とイェースースの手に委ねた。」（三・四七―五二）

ヨセフスのこの再話から明らかになることがいくつかあります。ひとつは、ヨセフスがモーセを荒れ野の中を行く一〇〇万以上の民の群れの軍団長として捉えていることです。武器なき軍団は、「戦力なき軍隊」と同様、形容矛盾であり、存在しえません。ヨセフスは、「素手で戦わねばならなかった」と言っておきながら、ここではもうすっかりその言葉を忘れて「傷んだ武器の手入れにあたり」と書いてしまいます。指揮官なき軍団は存在しません。モーセが今やここで軍団の中のエリートに訓戒を与え、全軍団を鼓舞する演説を行う指揮官なのです。どんな優秀な指揮官にも参謀がつきます。参謀なき指揮官は存在しません。モーセはヨシュアを抜擢して、彼の片腕になるように戦闘中の軍団の配置の仕方などを教えます。

ヨセフスはヨシュアをここでデビューさせるにあたり、彼が将来最高の参謀になるはずのいくつかの徳を挙げます。そのひとつは「勇気」です。ひとつは「忍耐力」です。ひとつは「知力」と「説得力」です。最後のひとつは神への「敬虔」です。これらはいずれもモーセが身につけている徳であり、同じ徳をヨシュアも身につけていたというわけです。

同じ徳を身につけた指揮官と参謀。

モーセとヨシュアの間では、よき連係プレーが期待できるというものです。

さて出エジプト記ですが、すでに見てきた一七・九の一文につづくのは、丘の上に立つモーセが手を上げるとイスラエルの軍勢が優勢となり、彼が手を下ろすとアマレクの軍勢が優勢となる摩訶不思議な光景です。

ヨセフスはこの光景を再話する前に、そこへの繋ぎでもあるかのように、「さて、敵どもと遭遇すると、彼らとの間の戦闘ははげしい白兵戦に終始し、両者は闘志をむき出しにして互いに喚声を上げながら戦った」（三・五三）と記します。

先にその名前を挙げた著名なヨセフス学者だったサッカレーは、このあたりから、ツキディデスの語彙・語法を好んで用いる「助手」の介在があったと申し立てます。エリュトラ海が二つに割れる奇跡を再話するにあたり、ヨセフスはモーセの一行が置かれた状況をストラボーンの『地誌』に依拠しながら想像してみせましたが、ここではどうでしょうか？

アマレク人との戦い（2）

出エジプト記一七・八以下のアマレク人との戦闘の記述は、唐突で不自然です。具体的な衝突なしで、丘の上に立ったモーセの腕が奇跡を演じるからです。ヨセフスはその不自然さを改めたわけですが、その一文はだれでもが想像できるものです。そのギリシア文も凝ったものではなく平凡なものです。となると、はたしてヨセフスの「助手」の介入があったとはにわかに断定できなくなるものとなります。

出エジプト記一七・一二によれば、モーセの腕が重くなって下にさがらぬよう、アロンとホルが彼の手を支えたそうです。ここでのホルはだれなのでしょうか？　出エジプト記はそれを説明いたしませんが、ヨセフスはこの人物を、モーセの姉ミリアムの連れ合いとします。ミリアムは結婚していたのですね。もっとも後の時代のユダヤ教の文献『ミドラシ・ラバ』出エジプト記四〇や、『タンフマ』出エジプト記三一・二は、ホルをミリアムの夫ではなくて息子としておりますが、戦場に登場する息子では少しばかり不自然です。ミリアムの「愛人」にでもしておけば、荒れ野の中でもラブロマンスは展開していることになり、それはそれで面白いものになったかもしれません。

モーセの軍団は、モーセの腕が行った奇跡と敵兵に進んで立ち向かったヨシュアのおかげで勝利します。出エジプト記一七・一四によれば、主はモーセに向かって次のように言ったそうです。

「このことを記憶するために文書に書き留め、ヨシュアの耳に入れてやるがよい（＝「ヨシュアの聞こえる所で、読み上げるがよい」くらいの意味）。わたしがアマレクの記憶を天の下から完全に消してしまうことを。」

ここには出エジプト記の註解者ならば見逃すことが許されない言葉があります。アマレクの記憶を天の下から完全に消してしまうという言葉です。わたしたちはすでに、過ぎ越しの出来事の中に、またエリュトラ海徒渉のさいの奇跡の出来事の中に「鏖殺《おうさつ》」の事例を見ましたが、ここにはこれから先、とくにヨシュア記で実践されていく「抹殺の思想」が鎌首をもたげております。ヨセフスもこの抹殺の思想に触れますが、その前に彼は次のように書きます。

「これはわたしたちに先祖が勝ち得たもっとも見事で時宜を得た勝利であった。なぜなら、これによって彼らは、正面から攻撃してくる者たちを打破しただけでなく、近隣の民族をも震え上がらせて（慴伏《しょうふく》させ）、その努力によって莫大な富を得たからである。すなわち、彼らは敵の幕舎を占拠して莫大な財物を略奪し、共同体や個人のものとすることができた。彼らはそれまで日々の生活の糧さえこと欠いていたのである。

また、この戦争における成功は、そのときのみならず、後々まで彼らの幸福をもたらす源泉にもなった。彼らはこのとき敵の身体だけでなくその精神をも奴隷としたからであり、敵を打ち破ってからは、近隣の民族にとって恐ろしい存在となり大量の富さえかき集めたからである。幕舎内ではおびただしい金・銀を入手したばかりでなく、食事に使う真鍮の什器類、大量の貨幣、各種の織物類、馬飾りその他を含めた各種の武具の装飾品、あらゆる種類の駄獣、その他野戦を行う軍隊が携行するすべてのものを獲得したのである。

今やヘブルびとは自分たちの勇気に目覚め、それに誇りをもつと同時に、ヒロイズムを待望するようにさえなった。またすべてのものは労苦を克服してこそ得られるという確信をもつようになり、それに尻込みしたり、たじろいだりしなくなった。

以上が、この戦争によって得られた成果である。

翌朝モーセース（モーセ）は、敵の死体からすべてのものをはぎとらせ、また逃亡者が捨てた武器をすべて拾わせた。

彼はまた勇敢だった者に報酬を与え、全軍からその殊勲を認められた指揮官イェースース（ヨシュア）に賛辞をおくった。ヘブルびとの側の戦死者は皆無だったのにたいし、敵の死者は数えることができないほどであった。」（三・五五―五九）

ここでの光景は、ヨセフスが本書の著作を開始する前に手元においた膨大なヘレニズム・ローマ時代の資料に見られた戦闘の「結果」の場面からでしょうが、それはまたローマ軍がパレスチナの反ローマ派の町や武装したユダヤ人の兵力をひとつずつ叩きのめした後の光景でもあったと思われます。ヨセフスはローマ軍の陣営で、ローマ兵によって持ち込まれる戦利品をたびたび目にしていたはずです。彼はまた、敵陣に突入した勇気ある兵士や戦いでユダヤ人を蹴散らして殊勲のあった兵士が最初はウェスパシアヌスの、後になってはティトスの幕舎に呼ばれて報酬か戦利品の一部を与えられている光景を目にしたはずです。

先に見た出エジプト記一七・一四には、主の言葉としてアマレクの記憶が天の下から抹殺されるとありましたが、ヨセフスはそれをモーセの預言として書き留めます。

「彼は預言した。アマレーキタイ（アマレク人）はやがて完全に殲滅され、次代に生き残れないだろう。彼らはヘブルびとが砂漠で厳しい困窮に苦しんでいるところを襲ったからである。」（三・六〇）

主はわが軍旗

出エジプト記一七・一五―一六によれば、モーセはアマレクと戦ったレフィデムの地に祭壇を築き、そこを「主はわが軍旗」と名付けます。ギリシア語訳では「主はわが避難所」です。ヨセフスはモーセが感謝のための犠牲を捧げると、神に「勝利を与えてくださったお方」（三・六〇）と呼びかけたと述べます。出エジプト記は先に、神はモーセにその名を聞かれて「あってある者」と言ったそうですが、モーセ（あるいはヨセフス）はそのような奇妙奇天烈《きみょうきてれつ》な名前をもうすっかり失念しているかのようです。ヨセフスによれば、モーセはこの後「軍隊に祭を行わせて楽しませた」（三・六〇）と想像力を膨らませますが、ヨセフスはそれにつづけて「以上が、エジプト脱出以来、強力な敵とはじめて対決した戦いの結果である。人びとが勝利の祭を祝い終ると、モーセース（モーセ）は戦闘後はじめて数日の休養を与えた」（三・六二）と述べます。彼はすでに本書三・五八で「以上が、この戦争によって得られた成果である」と述べて、そこまでの記述を締めくくっておりますから、ここでの結末句は明らかな重複です。このような重複は、ヨセフスが一・五八の後で、ひと休みしていたことを示唆するかもしれません。

リウエルの訪問と助言

出エジプト記一八・一―二七によれば、ある日、モーセの舅エトロが彼のもとへやって来ます。この舅は、出エジプト記二・一八では、リウエルと呼ばれており、読む者を混乱させますが、ヨセフスは予想されるその混乱を避けるためでしょう、義父の「ラグエーロス」（リウエル）がやって来たとします。わたしたちをもっと混乱させるのは、舅がやってきた目的です。ヘブライ語出エジプト記一八・二―三によれば、その目的は、彼が自分のもとに引き取っていたモーセの妻ツィッポラと二人の息子をモーセに会わせるためでしたが、ギリシア語訳によれば、モーセの妻と二人の子を引き取るためです。これでは向かう方向は正反対になり、わたしたちは「はてな？」と首をかしげなくてなりません。ヨセフスは妻と二人の子供たちがモーセのもとにいたという前提で、「モーセース（モーセ）の成功を聞いた義父のラグエーロス（リウエル）が、彼に会おうと喜々としてやって来て、モーセースとサプフォーラ（ツィッポラ）、そして二人の子供たちをあたたかく迎えた」（三・六三）と申します。彼がギリシア語訳に依拠しているのは明らかです。

翌朝のことです。

リウエルは民の係争事項に忙殺されているモーセを見てびっくりします。「これじゃ婿殿の体がもたない、過労死だ」と想像するのです。そこで舅はモーセに、民の中から「有能で神を畏れる男、信頼するに足る人物、不正な利得を憎む男たち」（一八・二一）を選び、その者たちを「千人隊長、百人隊長、五十人隊長、十人隊長」として彼らの上に立てるよう助言し（前掲箇所）、モーセはそれにしたがうのです（一八・二五）。

ヨセフスは義父の言葉を創作して次のように申します。

「……世俗的なことについてもわしの忠告を聞き入れてほしい。すなわち軍隊の人員をよく調べ、まず一万人ずつの軍団に分けて、それぞれに指揮官を任命し、ついでそれを一〇〇〇人ずつの部隊に、さらに五〇〇人ずつの部隊に、そしもう一度一〇〇人ずつ、五〇人ずつに細分する。……そして彼らの上にそれぞれ指揮官を立て、三〇人ずつ、二〇人ずつ、一〇人ずつの小部隊を統率させ、これらの集団にはそれぞれに、部下の数をもった指揮官を配慮する。……」（三・七〇―七一）

モーセの一行の中の二〇歳から五〇歳までの者の数を仮に六〇万としましょう。わたしたちはすでに荒れ野の中の行軍では一日に数百人は倒れているはずだが、また同時に誕生した者たちもいるはずだと指摘しましたが、ここではそういうわたしたちの想定する数は度外視して、六〇万をわたしたちの算定の基本数としますと、その六〇万からは六〇の軍団が誕生いたします。ローマの軍団（レギオン）が五五〇〇から六〇〇〇の兵士から成ると言われておりますから、一〇〇以上の軍団数となります。ヨセフスの時代のローマ世界に分散する軍団数は確か二四かそこらですから、その数倍です。一軍団はさらに一〇〇〇人に分けられるというのですから、ここで一気に六〇〇人の千人隊長が、一二〇〇人の五百人隊長が、六〇〇〇人の百人隊長が……が誕生いたします。そもそも六〇〇人の千人隊長ですが、モーセの軍団にそんなに多くの「有能で神を畏れる男」、「信頼に足る男」（ギリシア語訳では「正義を尊ぶ男」）や、「不正な利得を憎む男」（ギリシア語訳では「尊大な態度を憎む男」）がいたのかと、たとえフィクションだとしても、いやフィクションだからこそ、半畳を入れたくなるではありませんか？

いずれにしても、出エジプト記一八・二四―二七によれば、モーセは舅の意見を受け入れて、それぞれの単位に民を裁く者を立て、自分は難しい裁定のみを扱ったというのです。

余計なことを申し上げますが、『戦記』二・五六九―七一、および『自伝』七九によれば、エルサレムの民会からガリラヤに派遣されたヨセフスが最初にしたと申し立てる事柄は、ガリラヤの信頼できる者たち七〇人を指導者に任命し、また軽微な揉め事の解決のために七人の審判官を立て、大きな揉め事や死罪に関わる裁きは彼自身と七〇人が関わるようにしたことです。彼はそのとき三〇歳でしたが、気分はすっかりモーセなのです。「おい、おい」と言いたくなります。

第7章……シナイ山での十戒の授与

モーセ、シナイ山に登る

出エジプト記一九・一によれば、エジプトの地を離れてから三か月目に、イスラエルの子らはシナイ山に向き合う土地に到着し、そこに宿営することになります。

そこはモーセがかつて神の人語「おまえがわが民をエジプトから導き出した暁には、おまえたちはこの山で神に仕えるのだ」（出エジプト記三・一二）を聞いた場所です。狭いと思われるその場所に一〇〇万以上のモーセの一行が到着したというのです。ぎゅうぎゅう詰めです。すし詰めです。ここでシャワーでも浴びて垢のひとつでも落としたいものです。真っ黒に汚れ異臭を放つ下着なども洗濯したいものです。現代ですと、山麓の瀟洒《しょうしゃ》なホテルにでも滞在すれば、シャワーがあります、プールもあります、ヴァイキング料理もあります、何でもあります。食後ラウンジで、CNNのニュースを見ながら、暗い顔をしてガザの状況を憂えることができます。自分の部屋から月明かりの下に聳《そび》え立つ「モーセの山」と称する山を眺めることができます。モーセは本当に登ったのかなと首をかしげることもできます。この山の麓に一〇〇万以上の者がステイできたのかなと首をかしげることもできます。さまざまなクエッション・マークが荒れ野の中の汗のように次からつぎに噴き出します。

モーセは「神の山」へ登って行きます。しかしその前に彼は一行の者たちに、自分が不在中の三日間に身を清めておくようにと命令いたします。

出エジプト記一九・一六―二〇によれば、三日目の朝が近づくと、シナイ山に異変が生じます。雷鳴と稲妻と暗雲が山の上に生じ、角笛の音――ギリシア語訳では「喇叭の音」――が大きく響き渡り、神が山の頂に顕現したというのです（図33）。

ヨセフスは、机上に置いたギリシア語訳に見られる「喇叭の音」には触れず、雲の塊が彼らの幕舎を包み込み、「空の他の部分は晴れ上がっていたにもかかわらず、そこだけは荒れ狂う風が篠つく雨とともに吹き降り、稲妻は見る者を底知れぬ恐怖に落とし入れ、また雷電が轟音をたてて落下した」（三・八〇）と述べて、ここでの異常現象を再話いたします。そして彼はその再話を次の言葉、「ところで、読者各自がこのような出来事をいかに思われようと、それはまったくご自由である。ただわた

図 33●「シナイ山での神顕現」

しには、そのことを聖なる文書の記載どおりに語る義務があるのだ（ということだけは、認めていただきたい）」（三・八一）で締めくくるのです。

わたしはここまでで幾度かヨセフスが信じがたい話などを語って締めくくるときに使用する定型について触れておりますので、それをここで思い起こしてください。ここでの再話は「信じるも自由、まったく信じないのも自由」というわけです。この語句はわたしが最近翻訳したピロストラトスの『テュアナのアポロニオス伝』（京都大学学術出版会）にも見られるものです。

さて、出エジプト記一九・二一以下によれば、主はモーセに下山させて、彼が率いてきた民が山に登らないようにさせます。「神に近づく祭司たちには、身を清めさせよ」と神はモーセに命じます。ここで読者は、モーセの一行に祭司たちがいたのだっけ、ときょとんとします。少しばかり前に遡ってヘブライ語出エジプト記に目をやりますと、神がモーセに語りかけた言葉として「……おまえたちはわたしにとって祭司たちの王国となり、聖なる民となるであろう」（一九・六）があります。ギリシア語訳では「祭司たちの王国」は「王国の祭司制」ですが、ここで明らかになるのは、出エジプト記の編纂の一部がはるか後の時代、すなわち祭司制のある王国時代になされたことです。もちろん出エジプト記の編纂年代などは現代の聖書学の重要な研究課題のひとつとなりますが、ヨセフスの関心の対象となるものではありません。彼は別の関心事をもって再話をつづけるのです。

ヨセフスは、下山したモーセなら、出エジプト記にはそう書かれていなくてもこう演説したはずだと想像して彼の口に演説を入れます。すでに見てきたように、彼のギリシア文に関心を示す研究者は、彼のこのあたりの一文にとくにツキディデス（前四六〇年ころ—四〇〇年ころ）の語彙や文体の影響下にある「助手たち」（スュネルゴイ）の介在を認めますが、わたしは語彙や文体の類似性や親近性を指摘するよりも、登場人物の口にそのときその場にふさわしい言葉を想像して入れる「歴史記述」（ヒストリオグラフィー）の方法論をツキディデスから学んだヨセフスがここでもそれを実践したことを指摘する方が大切ではないかと考えます。演説の挿入に関しては、彼の著作『歴史』の第一巻の二二章に目をやってください。

ヨセフスはモーセに次のように言わせます。

「神は以前と同じく、好意をもってわたしを迎えられた。そして、神はおまえたちに幸福な生活と秩序ある統治原理を勧めるために、ご自身でこの野営地に来ようとされている。

神のみ名において、また、わたしのためにすでに神を通してなされたことの名において言うが、眼前にいるのがわたしだけであるとか、人間の口から語られたとかいう理由で、わたしがこれから語ることを軽んじてはならない。

おまえたちはその内容の立派さに注意しなければならない。そうすれば、それを考えてくださった神の偉大さと、おまえたちのためにそれをあえてわたしに語ってくださった神の偉大さがわかるだろう。なぜなら（これからおまえたちに語るのは）、アマラメース（アムラム）とヨーカバデー（ヨケベド）の子モーセース（モーセ）ではなく、おまえたちのために、あのネイロス（ナイル）の流れを血のように赤く変え、エジプト人にさまざまの災禍を科してその思い上がった心を粉砕し、また、おまえたちのために海の中に道を備えられた方だからである。その方は、おまえたちが空腹で困っていたとき食べ物を天から降らせた方であり、おまえたちが渇きに苦しんでいたとき岩から渾々と溢れる水を恵まれた方である。

いやその方は、アダモス（アダム）には地と海の産物を恵み、大洪水のときにはノーコス（ノア）を救い、さすらい人だったわたしたちの遠祖アブラモス（アブラハム）にはカナナイア（カナン）の土地を与え、年老いた両親にはイサコス（イサク）を儲けさせ、ヤコーボス（ヤコブ）には一二人の有徳の息子を与えるとともに、ヨセーポス（ヨセフ）をエジプト人の高官にされた方でもある。そして、実にこのような方が、今わたしを介しておまえたちに（十の）言葉を授けようとしておられる。

おまえたちは（それを絶対的に）尊重しなければならない。おまえたちの子供や妻よりもそれを大切に守り通さねばならない。おまえたちがそれにしたがっているかぎり、おまえたちの生活は幸福なものになるからである。そして地は豊穣となり、海は穏やかなものとなり、（多くの）子が労せずして生い育ち、おまえたちは敵の脅威になるだろう。

わたしはこの眼で神を見ることを許され、この耳でその不死のみ声を聞くこともできた。（わたしは確信した。）神は実に、わたしたちの民族とその永遠の繁栄のために、このように配慮されたのである、と。」（三・八四―八八）

「十の言葉」

「十の言葉」、すなわち十戒はどのようにして神からモーセに伝えられ、どのようにしてモーセから民に伝えられたのでしょうか？

わたしたちは絵画などから、神がまずモーセにそれを記した石板を与え（図34）、ついで下山したモーセがその石板を民に読んで聞かせたと想像しがちです。確かに、出エジプト記やその他の文書にはそれを示唆する箇所がいくつかありますが、「十の言葉」を語る出エジプト記の第二〇章は、非常に唐突な仕方でそれを語ります。ヨセフスはその唐突さ加減を取り除いた上で、次のように言います。

「そしてモーセース（モーセ）は……人びとに祭司ともどももっと前へ出るように呼びかけた。それは神が彼らに語る義務を聞くためであり、また、人の声でその内容の立派さが損なわれて弱々しく受け止められても困るからであった。

図 34●「十戒授与」

やがて上からひとつの声がすべての者の耳に響いてきた。そして十の言葉のうちの何ひとつもれることなく（全員の耳に達した）。モーセースはそれを二つの石板の上に書き記して（わたしたちのために）残した。もっとも（これらの十の言葉を）わたしたちがはっきりと口にすることは許されていない。しかし、わたしはその大意を伝えたいと思う。」（三・八九―九〇）

ヨセフスは、神が「十の言葉」を伝えるために天から人語を発したとします。そしてそのとき民ははじめて――「一〇〇万以上の民」はと言うべきなのでしょう――、神の人語を聞いたとします。民がこのとき神の人語を聞いたとするこの見解は、ヨセフスの同時代人であるフィロンの『十戒について』五や、後の時代のラビ文献の『メキルタ』出エジプト記などにも見いだされるものですが、ヨセフスによれば、モーセはそのときそれを石板の上に書き記したというのです。モーセは速記でも習っていたのでしょうか、とにかく器用人です。

ヨセフスはこの「十の言葉」をはっきりと口にすることは許されていないと奇妙なことを申します。「詳しくは語れないが、大意ならば」というのです。ヨセフスはもったいをつけておりますが、そうするのは、出エジプト記二〇・一―一七で語られている言葉をそのまま写していては再話にならないからです。またそのまま写していては、「十の言葉」が何であるかはっきりしないからです。

ヨセフスは次のように言います。

「第一の言葉は、神がただひとつであり、その神だけを崇拝せよ、という教えである。

第二は、いかなる生き物の像もつくってはならず、それに跪拝してもならぬ、という戒めである。

第三は、どのようなつまらぬことでも、神の名によって誓ってはならぬ。

第四は、七日目ごとに、いっさいの仕事をやめて休息をとれ。

第五は、両親を敬え。

第六は、人を殺してはならぬ。

第七は、姦淫（不倫）してはならぬ。

第八は、盗みを働いてはならぬ。

第九は、偽証してはならぬ。

そして第十は、他人の所有物をむやみに欲しがってはならぬ（という教えである）。」（三・九一―九二）

「十の言葉」の第二項は？

ヨセフスの「十の言葉」には、註を付しておかねばならぬ箇所がひとつあります。

それは第二項です。ここでのヨセフスの念頭には明らかに、ユダヤ人たちがエルサレムの神殿内に黄金の驢馬を安置し、それを礼拝の対象にしているといった悪質な中傷を流したムナセアスや、ポセイドーニオス、アポローニオス・モローンほかのアレクサンドリアの著作家たちがおります。いや、もしかしたらローマの第一級の知識人と目されていたタキトゥス（五六年ころ―一二〇年ころ）の言説などもヨセフスの念頭にあったかもしれません。なにしろ、彼は『同時代史』五・四で、モイセス（モーセ）は荒れ野に彷徨中に出会った驢馬の像を神殿の至聖所に安置してそれを神聖視していると述べているのですから。七〇年の秋に焼け落ちたエルサレムの神殿の「至聖所」は、一年に一度贖罪の日に、大祭司だけがその入場を許される場所ですが、その場所が本来的にもつ閉鎖性のために、至聖所での祭儀に関してはさまざまな憶測を生む場所となっていたのです。ヨセフスは後出三・一一三、一二六でも、幕屋の聖所の垂れ幕にも生き物などが刺繍されていないことを強調します。先に進んでから今一度指摘するつもりですが、ヨセフスは出エジプト記三二・一以下で語られている「黄金の牛」の鋳造事件を再話しませんし、先に進んでからも「これがエジプトから導き上った金の子牛だ」と民に言ってベテルとダンに一体ずつ置いたヤロブアムの話（列王記上一二・二八―九）にも触れません。

岩波版の木幡さんの註は、ここでの「十の言葉」は「どの文書資料にも属さず、五書成立のどこかでここに置かれたというのが、今日ほぼ通説である」（九〇頁）と述べ、さらにこの「十の言葉」が語りかけている相手は「土地を所有していて経済的に独立しており、結婚していて息子や娘を持ち、家畜と奴隷を所有し、裁判に参加することのできる男性自由農民」であると指摘しております。もっともな指摘ですが、彼女の指摘をもう少し遠慮なく深めれば、この手の戒めは、荒れ野の中でつくられるものでは絶対になく——荒れ野の中でつくられたのであれば、「水」や「井戸の使用」についての掟がなければ嘘です——、カナンの地を侵略してその先住民たちと生活を開始しはじめて共同体の規律に弛緩《しかん》が生じはじめたとき、すなわち自由農民として成功しそれなりの富裕者となり、隣りの奥さんをつまみ食いする不届き千万な者も大勢現れたころにつくられたと指摘したいと思います。「つまみ食い」問題などをこの女性聖書学者が想像できないのは残念です。

わたしはさらに、この「十の言葉」にも最初にオリジナルの版があり、やがて——非常に曖昧な言い方ですが——それにいくつかの戒めが加えられて「増補版」ができ、そしてその戒めの数や中身を改めたりした「増補改訂版」のようなものがつくられ、その改訂版の方がここに取り込まれているると想像いたします。論より証拠、実際、「これも独立した戒めじゃなかろうか」と数え上げていきますと、ここには十以上の戒めがあり、ヨセフスはそれを無理矢理、「十戒」あるいは「十の言葉」が定着しているために、十に絞り込んでいるように見えますが、なぜ「十」に絞り込んだのでしょうか？　数の端数を切り落としたりする作業や、端数にある数を加えて「聖なる」数にする作業などはユダヤ教の歴史やキリスト教の歴史ではよく見られることなのですが、ここまでのモーセ物語では「十の災禍」から分かるように、「十」は聖なる数ではないのです。なぜ「十」なのでしょうか？　なぜ「十」にこだわるのでしょうか？

人びと、モーセに律法をもとめる

「十の言葉」につづく出エジプト記第二〇章の残りの部分や、第二一章から第二四章までの部分は、砂漠の中ではなくて、定住することになったカナン時代につくられた定めや、ソロモン時代につくられた定め、あるいははるか後の時代のペルシア時代につくられた定めが――その中には明らかに「目には目を、歯には歯を、手には手を、足には足を、火傷には火傷を……」のよう同害報復を定めたハンムラビ法典の条文をパクったとしか思えない定めもあります――、「主がモーセに与えた」という形式で語られております。要するに、出エジプト記の編者は、イスラエルの法や掟は、ギリシアの都市国家の法や定めではなく、神からモーセに直接与えられたものだと申し立てて、それを差別化しようとするわけですが、わたしたちはその差別化を正しいなどと頷いてみせたりしてはなりません。もしそうするなら、モーセ五書の著者をモーセでないのにモーセとして権威づけてしまったユダヤ教徒やキリスト教徒と似て滑稽千万なこととなります。

律法の大部分の紹介は

ヨセフスは出エジプト記の第二四章の前半までの記事を、次のように言って省略いたします。

「人びとは、すでにモーセース（モーセ）に語られていたことが、直接こうして神のみ声を通して聞けたために、これらの教えを受けたことを喜び合い、集会から散っていった。しかし、人びとはそれから数日間、モーセースの幕屋を訪ね、自分たちのために律法を神から入手してきてくれるよう嘆願した。このためモーセースは律法を制定し、それをどのような場合に実施すべきかを教えた。しかし、それについては適当な機会に述べよう。また律法の大部分の紹介は、別の著作ができるまで待っていただきたい。それについては特別に解説したいからである。」（三・九三―九四）

律法の大部分の紹介は、「別の著作」においてなされるそうです。わたしたちはすでに『異教徒ローマ人に語る聖書』で、ヨセフスが『古代誌』を完成させた暁には割礼に関する独立した一書を著すと読者に約束するのを見ておりますが、ここで念頭に置かれている一書が、たとえば本書四・一九八で『古代誌』完成後に執筆予定をしている『慣習とその意義について』に相当するものなのか、それとも本書二〇・二六八で「また、わたしたちユダヤ人が神や神の本質について抱いている見解や、律法がなぜある行為を認め他を禁止しているかについての見解を、四巻で著したいものだと思っている」というときの「四巻本」に相当するものなのか、そのあたりのことはよく分かりません。

再話したくない箇所は

ヨセフスが大幅にカットした出エジプト記の第二〇章の前半から第二四章の前半までには、実は、彼が再話などしたくはない箇所がいくつかあるのです。

たとえば、出エジプト記二二・二〇に「神々に犠牲を捧げる者は完全に絶たれる。ただ主だけに（犠牲は捧げられる）」とあります。これはギリシア語訳からの訳文ですが、ヘブライ語のテクストでは「神々のために犠牲を献げる者は、聖絶されなければならない。ヤハウェのために、ヤハウェ（のため）のみを除いては」（岩波版）ともっと凄みのある恐ろしいものですが、これはローマの異教徒たちを念頭に置いているヨセフスに語ることができたものでしょうか？　アレクサンドリアで出エジプト記をギリシア語に翻訳した訳者ですら、トーン・ダウンさせて翻訳した箇所がヨセフスが再話を避けた箇所の中にはあるのです。ヘブライ語出エジプト記二二・二八は「神々におまえは侮蔑的な言葉を吐いてはならない。民の中の指導者をおまえは呪ってはならない」と読んでおりますが――ここでは岩波版の「神」を「神々」に、「あなた」を「おまえ」に読み改めますが――、ギリシア語訳の訳者はこの一文を、さまざまな神が拝されているアレクサンドリアの現実と妥協して、「おまえは神々を罵ってはならないし、おまえはおまえの民の指導者たちを悪しざまに言ってはならない」と訳しておりますが、この箇所もまたヨセフスが回避したかった箇所であったはずです。もうひとつは出エジプト記二三・一三の「おまえたちは他の神々の名を唱えてはならないし、それがおまえたちの口をついて出ることがあってもならない」です。非常にタッチーな箇所です。細心の注意が必要な箇所です。本書の読者や聞き手を怒らせてはならないのです。ヨセフスが数章すっ飛ばしてみせたのは賢明であったかもしれません。

モーセ、神の山に登る

出エジプト記二四・一二―一八によれば、モーセは従者のヨシュアと一緒にシナイ山に登り、四〇日四〇夜山籠もりをいたします。

その間の二人の食事はどうだったのでしょうか？

山菜でも口にして露命をつないでいたのでしょうか？　しかしそこは岩だらけの山で、山菜の採れるような場所ではありません。鳥か何かが食料をどこからか運んでくれたのでしょうか？

どこかに水が湧出する場所はあったのでしょうか？

レバノン山の麓ではありませんから、雪解け水などはありません。モーセは神に特別に愛されていたようですから、多分、特段の配慮があったと信じたいと思います。

四〇日四〇夜。

これはノアの洪水物語で見た語句です。イエスの荒れ野での誘惑物語で見ることになる語句です。いろいろな所で顔を出す、聖書をありがたい書物だと信じる人には特別な意味をもつでしょうが、そうでない者には何の意味ももたない語句で、わたしたちはそれを「定型句」と呼びます。ギリシア語ではトポスと申します。

ヨセフスは次のように再話いたします。

「登攀《とはん》は人びとの見ている前で行われた。ところが、ヘブルびとは時がたつにつれて――彼が人びとと別れてからすでに四〇日すぎていた――、モーセース（モーセ）の身の上に何かが起こったのではないかと危惧した。そしてとりわけ、モーセースに万一のことがあったら、と考えて慄然とせざるをえなかった。

人びとの間では意見が分かれて対立が生じた。ある人たちは、彼がすでに野獣の餌食になったのだと言った。この意見に賛成したのは主に彼に好感をもっていない連中であった。またある人たちは、すでに神のもとへ呼び戻されたのだと主張した。しかし、両者の意見に個人的には同調しなかったもっと分別のある人たちは考えた。すなわち、もし彼が野獣に食い殺されたとしても、それはよくある人間的な出来事にすぎないし、また、もし彼が神のもとへ呼び戻されたとしても、それは彼が生来もっていた徳のために、大いにあり得ることだと考えて平静さを失うことはなかった。

いずれにしろ、彼らは二度と得られない立派な指導者であり保護者でもあった人物を失ったと考え、その心痛ははなはだしいものであった。しかし一方では、自分たちの英雄の万一の僥倖《ぎょうこう》を強く期待する気持ちもあり、ここで大げさに嘆いたり、落胆したりすることもできなかった。

また、そこにとどまるようにと厳命があるため、野営地から出ることもできなかった。」（三・九五―九八）

「モーセは野獣に食い殺された。」

ヨセフスはここで、ヨセフが野獣に食い殺されたと虚偽の報告を父のヤコブにした創世記の「ヨセフ物語」を想起するか、読者に、といってもユダヤ人読者に想起させようとしたかに見えます。

「モーセは神のもとへ呼び戻された。」

これに類する表現は、エノクの長寿に言及する箇所で見られるものですが、本書一・八五で、またモーセの最期を記述する本書四・三二六でも見いだされるものです。後者については、本書の最終章の最終箇所で取り上げるつもりです。

モーセ、十戒の石板をもって戻ってくる

ヨセフスはここでモーセの下山を伝える出エジプト記三三・一五以下に飛びます。わたしたちは先にシナイ山に籠もったモーセの食べ物について心配してみせましたが、ヨセフスはそれにも触れてモーセの下山風景を次のように語りますが、この話の順序は読者を混乱させるものです。なぜならば彼はすでに先行する箇所で十戒を紹介しているからです。

「こうして四〇日四〇夜が過ぎたとき、この間普通の人間の口にするような物を何ひとつ食べていなかったモーセース（モーセ）が、ついに帰ってきた。もちろん、全軍は歓喜に満たされた。

彼は彼らにたいする神の配慮について明らかにするために、まず次のように語った。すなわち、神は彼にこの四〇日間、人びとが幸福に生きてゆくにはどのように治めればよいかを教え、そして、神が彼らのもとへ来るときにはいつでも降りられるよう幕屋（の聖所）を造ってほしいと希望された、と。そしてモーセースは言った。『われわれがどこへ居を移そうと、それを携えて行けば、もはやシナイオン（シナイ）山に登る必要はない。神ご自身が幕屋を訪ねられるので、われわれはただ祈ればよく、そこに神がいてくださるのだ。この幕屋は、神が指図された規模と備えをもたねばならず、おまえたちは精魂を込めてその建設にあたらねばならない』と。

彼はこう語り終えると、二枚の石板を彼らに示した。それには、先の十の言葉がそれぞれ五つずつ刻みつけられており、その筆跡はまさしく神ご自身の手になるものであった。」（三・九九―一〇一）

ヨセフスはこう語ると、神の臨在の場所となる幕屋の聖所の造営についての話に進んでいきます。

幕屋の造営

出エジプト記二五・一―三二・三五は、幕屋建設の指示にはじまって、証しの箱、供えのパンの机、燭台、祭壇、祭服、聖別に関わる事柄、安息日の遵守、金の雄牛の鋳造、主の怒り、モーセが石板と金の雄牛を砕いた話、モーセの再度のシナイ山登頂などを語ります。

モーセ物語をフィクションとして読む者には自明すぎるほど自明なのですが、これらの物語単位はどれもシナイ山麓でモーセに語られたものではなく、またそこでの出来事でもありません。これらはいずれも、金の雄牛の鋳造物語は別にして、聖所での祭儀に関わる事柄ですから、それが語られたり編纂されたりしたのは、神殿が建設されたソロモン時代以降であり、中には五書が最終的に編纂されたはるか後のペルシア時代のものもあるはずです。モーセとまるで関係ないものを、あたかも関係があるかのようにするのですから、至る所で話の展開に辻褄が合わないものとなり、読む方が頭を混乱させられて、おかしくなります。

ヨセフスが再話しなかった物語

出エジプト記三二・一―二九によれば、モーセの兄アロンと民は、モーセがなかなか下山してこないことを知ると、一行の中の女たちに金の耳輪などを供出させ、荒れ野を進むための新たなナビゲーターとして「黄金の子牛」を鋳造いたします。そしてそれが完成すると、彼らはその前で夜を徹してのどんちゃん騒ぎです（図35）。ギリシア語訳三二・一八によれば、酒も相当入っていたようです。そこに山に籠もっていたモーセがヨシュアを引き連れて下山してまいります。彼は山の麓で目にした光景に唖然とし、呆然とし、そして憤然とします。そしてその怒りを爆発させると、十戒が書かれている石板を地に投げつけて粉々にしたばかりか、彼らがつくった子牛像を火で焼いて粉々にしてしまうのです。そればかりではありません。モーセは民を散会させるとレビ人を全員集め、彼らに「各自自分の兄弟を、各自自分の隣人を、そして各自自分の近隣の者を殺せ」（三二・二七）と殺戮命令を下し、その日だけで、約三〇〇〇の民を殺します。

ヨセフスはこれらの興味深い話を再話しません。

図 35●「黄金の子牛」

なぜでしょうか？

彼はそもそもなぜ黄金の子牛の鋳造事件を語らなかったのでしょうか？　これはモーセの兄アロンの神理解の根本と民の管理責任が問われておかしくない一大不祥事です。なにしろモーセが山に籠もっているときに、山麓に残された女たちに金を供出させて黄金の子牛を鋳造させ、これから先の荒れ野の「案内人」にさせようとしたわけですから、それは「昼間は雲、夜間は火」のナビゲーターを一行に提供した神への明らかな背信行為です。これから先の第8章で見るように、大祭司選出でネポティズムがあったのではないかと民が騒ぎ立てた記事を再話するとき、ヨセフスはアロンを瑕疵《かし》なき人物として擁護いたしますが、そのためにも彼はここでアロンが関わるこの出来事を語れなかったのかもしれません。もうひとつ別の理由もあったかもしれません。後の時代のユダヤ側の文書『バビロニア・タルムード』メギラー二五ａｂによれば、パリサイ派のラビ（＝律法の教師）は出エジプト記三二・一—二をシナゴーグでの礼拝で朗読して構わないが、（外国人に向かって）翻訳してみせてはならない、としておりますが、その掟からヨセフスが語れない理由を想像できるかもしれません。さらにもうひとつ別の理由も考えられます。当時、ローマの異教徒たちは、エルサレムのユダヤ人は神殿内に驢馬を安置して、それを礼拝していたと想像し（図36、37）、そればかりかそのために彼らユダヤ人を嘲笑しておりました。黄金の子牛の鋳造事件をへたに再話すれば、「それみたことか、おまえたちのご先祖さまは子牛なんぞも礼拝の対象としておったではないか、今は驢馬なのか？」とやり返さ

図 36●「アレクサメノス」、3 世紀
図 37●「アレクサメノス」

れてしまいます。まあ、ここでのヨセフスは以上のうちのどれかの理由で、あるいは複合的な理由で黄金の子牛像には触れなかったのではないかと思われます。

次は、モーセがレビ人に命じて三〇〇〇人の同胞を殺させた出来事です。これは「汝、殺すなかれ」と神の手によって刻まれた石板を手にして下山してきた男が殺人の命令を下して引き起こした出来事です。これは理解に苦しむ行為です。しかも出エジプト記第三二章には、黄金の子牛像鋳造の最高責任者である兄のアロンを血祭りに上げる記事が見られなければおかしいのに、彼を無罪放免した上でその鋳造に関わった者たちの責任を一方的に問うて、モーセは彼ら三〇〇〇人を殺害しているのです。

ヨセフスは対ローマのユダヤ戦争では指揮官でした。自分や仲間の者を裏切った者たちを日常茶飯事的に処刑しておりましたから、モーセの命令一下でなされた三〇〇〇人の殺人にも驚きはしなかったはずです。それどころか、彼はそこに毅然たる指揮官の姿を見たかもしれません。しかし彼はそれには触れていないのです。なぜでしょうか？　すでに見てきたように、彼はモーセがエジプト人の労働監督官を殺害した話を語ってはおりません。エチオピア遠征は別にして、モーセの手になる殺害は徹底的に回避されているかのようです。異教徒たちにモーセが殺人鬼である印象を与えることなどできないのです。再話で大切なことは、語って聞かせる異教徒たちに不安を与えないことなのです。

出エジプト記三二・三〇以下によれば、十戒が記された石板を粉々に破壊してしまったモーセは、その翌日、今一度山に登り、神に向かって「ご勘弁を」と頭を下げます。そして同書三四・一以下によれば、神はモーセが携えた石板に再び十戒の言葉を与えますが、ヨセフスはここでの話も再話いたしません。しかし、これはモーセが石板を粉々にした話を再話しないと決めた以上、彼にとって触れなくても構わないものとなります。

異教徒の読者や聞き手を意識するヨセフス

ヨセフスが賢明になって再話しようとする幕屋の造営の話は、退屈至極のものです。ここまで読み進めてきた読者が本書を投げ出さないかと心配になります。ここから先ではヨセフスがギリシア語を解する異教徒の読者や聞き手を明確に意識している箇所がいくつかあります。

ヨセフスは「供えのパンの机」について説明いたします。

この机は対ローマのユダヤ戦争でローマ側の戦利品となってローマに持ち去られたもので、その事実はヨセフスの『戦記』や、ローマのティトスの凱旋門の浮き彫り細工が保証するものです（図38）。彼は「モーセース（モーセ）は、デルポイ（のアポローン神殿）のように、（供えのパンの）机を備え付けた」（三・一三九）と切り出し、次にはギリシア人たちに供えのパンの机のイメージづくりを容易にさせるために、その机の脚が「ドーリス人が長椅子につけるものに似ていた」（三・一三九）とつづけ、

図 38●ティトスの凱旋門、ローマ

その机の上に置かれるパンが「二アッサローン——ヘブルびとの用いる乾量単位で、七アッティカ・コテュレーに相当する——の、混ぜ物のない小麦粉でつくられたものである」（三・一四二）とギリシアの乾量単位に置き換えてみせます。

神殿の燭台もまたローマに持ち去られたものですが、ヨセフスはその重量に言及して、キンカレースと呼ばれる単位が「ギリシア人のタラントンに相当する」（三・一四四）と言います。

ヨセフスは大祭司が身につけるエフォーデースに言及して、それは「ギリシア人がエポーミスと呼ぶものに似ており……」（三・一六二）と切り出し、また大祭司の式服についている胸当てがエッセーンと呼ばれると述べた後で、「その言葉はギリシア語ではロギオンを意味する」（三・一六三）と説明します。

ヨセフスはまた、大祭司の冠には金の萼がついていることに触れて、「それはわたしたちがサッカローンと呼び、ギリシアの本草学者がウォス・キュアモスと呼ぶ食物の萼を模したものである」（三・一七二）と言います。

ヨセフスはさらに、大祭司の式服が四色の糸で織られているのは自然界の「四元素」に対応するものであると述べ（三・一八三―八四）、大祭司の胸当てに嵌《は》め込まれる一二個の宝石に「月の数、あるいはギリシア人が黄土帯と呼ぶ同数の星座を認めるであろうが……」（三・一八六）と書きます。

ヨセフスはまた三・一九四で、一シクロス（シケル）は、「四アッティカ・ドラクメーに相当するヘブルびとの公用貨幣である」と説明したり、三・一九七で、祭司たちが潔めのために使用する香料に言及して「一ヘインは土地の者が使う液量単位で、二アッティカ・クースに相当する」と言います。ヨセフスはまた三・二〇一で、幕屋の聖所が奉献されたのは「第二年のはじめ、マケドニア暦ではクサンティコスの月、ヘブル暦ではニサンの月の新月であった」と述べ、ヘブル暦よりもマケドニア暦を優先させます。ヨセフスは出エジプト記に見られる退屈きわまりない記述をなんとかしてギリシア人たちに分からせようと必死の努力をしているのです。

異教徒の知識人たち

ヨセフスは『古代誌』三・一七九以下で、幕屋の聖所と祭服が象徴するものについて語っておりますが、その冒頭部分はここで引くに値するものです。聖書を再話する目的のひとつが明らかにされているからです。

「ところで、世の人びとは、彼らが崇拝していると称する神をわたしたちが蔑ろにしているという理由で、わたしたちに執拗な憎悪をもちつづけているが、それはまことにもって驚きである。もし人が幕屋の聖所のつくりかたを観察し、祭司の祭服や聖なる奉仕に使用される諸什器を見れば、わたしたちの律法制定者はまことに神の人であり、わたしたちに向けられた連中の瀆神的《とくしんてき》な非難が根も葉もないことが分かるだろう。事実、これらのものはいずれも全宇宙を巧みに模してつくられたもので、そのことは、偏見をもたずに理解しようと観察すれば一目瞭然である。」（三・一七九―八〇）

ここでの「世の人びと」（アンスローポイ）とはだれを指すのでしょうか？　一般論から言えば、ディアスポラのユダヤ人たちの周囲にいる異教徒たちです。ディアスポラとは通常パレスチナを離れて「人の住む世界」（オイクーメーネー）に住み、そこでユダヤ教の慣習を守っている人たちを指す言葉です。「およそ人の住む世界でユダヤ人の進出していない世界はない」は、地誌学者でもあった歴史学者ストラボーンが残した有名な観察の言葉ですが（『古代誌』一四・一四八参照）、フィロンも、セネカも、使徒言行録のルカも、キケロも地中海世界の町々に住んでいる離散のユダヤ人に言及しているのです。ですから、広義には、「世の人びと」とは、このディアスポラのユダヤ人の周囲にいる異教徒たちを指すものですが、狭義には、本書の読者となることが予想されるローマやアレクサンドリア、そしてギリシアの町々の異教徒たちを指しますが、この「異教徒たち」をさらに限定していくことは可能です。その者たちとは、自分たちの周囲にいるユダヤ人の生活慣習を絶えず――あるいは「折りにふれて」――意地悪い目で観察していて、それゆえの「瀆神的な非難」や偏見を口にしたり、書き散らしている「知識人たち」です。

ヨセフスは異教の知識人たちの誤解を解こうと必死なのです。彼は知識人たちがまき散らす誤解や偏見に由来するさまざまなトラブルにディアスポラの同胞たちが巻き込まれることがないようにしようと必死なのです。

アロン、大祭司に選ばれる

ヨセフスは『古代誌』三・一八八以下で、三歳年上のモーセの兄アロンが大祭司に選ばれ、律法が与えられたことを語ります。

すでに見てきたように、モーセの兄アロンは、民に「黄金の雄牛」の鋳造を許した張本人です。それまでの荒れ野の中での主なる神の導きなどまるで信じておらず、そのため弟モーセのそれまでのすべての努力を水泡に帰したとんでもない男、怒りを爆発させたモーセの手で血祭りに上げられても決しておかしくはなかった男が大祭司になるというのです。

いったい、だれがことの展開を記述できるのでしょうか？

ヨセフスにはそれが可能です。彼はここまででアロンが犯した破廉恥な話はいっさい再話しておりませんから、彼にとってここでアロンを大祭司として登場させるのは容易です。彼はアロンの登場の場面を、幕屋造営の仕事が終わり、残るのは奉納品の献納だけになったときにいたします。

ヨセフスはモーセに人びとを集めさせると、彼らに向かって次のように言わせます。

「イスラエール（イスラエル）の男子よ。（幕屋造営の）仕事もようやく終わった。（われわれがそれを行ったのは）それが神の気に入る最高のつとめだったからで、われわれにその力があったからである。しかし、神をこの幕屋の聖所に迎えるにあたり、祭司の役をはたし、犠牲を供える手伝いをし、われわれのために祈りを捧げてくれる人物が必要である。

そして、もしわたしにその重いつとめが許されれば、わたしは自分こそその名誉にふさわしい人物だと判断するだろう。だれにもある生来の自惚れが（このわたしにもあるし）、また自分がおまえたちの救いのために非常によく働いたと思うからである。

しかし神は今、この名誉に値する人物がアアローン（アロン）だと判断し、われわれの中で彼がもっともふさわしいと知った上で彼を（大）祭司に選び出された。したがって、彼以外には、神に捧げて聖化された祭服を身につけ、祭壇での行事をつかさどり、犠牲を供え、われわれのために神に祈り、神がそれを喜んで聞かれる者はいない。われわれの民族のことをつねに心にかけてくださる神の選んだ人物が行う祈りは、必ずかなえてくださるであろう。」（三・一八九―一九一）

「うまいこと言っちゃって」とは、だれもが思う感想でしょう。一神教の何たるかをまるで分かっていない人物が、神のお眼鏡にかなった人物として、神によって大祭司に選出された人物とされているのです。これにつづく一文は「ヘブルびとは、（モーセースの）演説に満足し、神の選択にしたがった。アアローン（アロン）が、その出生、預言者の能力、弟の徳行によって、だれよりもこのような高位に適した人物だったからである」（三・一九二）。ネポティズムの世界とそれに加担してしまうわがヨセフスなのです！

さてこう語ったヨセフスは次に、幕屋の聖所の覆いと半シケルの寄進、潔めのための香料、幕屋の聖所の完成の祝い――ヨセフスは『古代誌』三・二〇一で、幕屋の聖所の完成には七か月要し、それは出エジプト後の一年目であったとしております――、アロンの二人の子の死、大祭司の式服に見られる宝石、潔めと供犠に関する規定、仮庵の建設、過ぎ越しの祭、種入れぬパンの祭、刈り入れの祭、ペンテコステー、神に捧げる一二個のパンなどを、出エジプト記ばかりではなく、レビ記や民数記などに依拠しつつ語り、その記述を「なお、これらについては将来もっと詳しく述べるつもりだが、今は以上の説明で十分であろう」（三・二五七）で締めくくるのです。

さてここから先です。

ヨセフスの再話の資料は出エジプト記ではなくなり、もっぱら民数記やレビ記となります。いくつかの語りの部分、とくに食物に関する律法、レプラ患者に関する律法、モーセのレプラ患者説とエジプトのヘブルびとについて語った『古代誌』三・二五九以下は重要です。

食物に関する律法

民族それ自体が悪食で、手に入る物は何でも口にしてしまう民族は古代にも存在したかもしれませんが、どの民族にも、程度の差こそあれ、口にはしないものがあったはずです。しかし、ユダヤ人の場合は、ある食物は絶対に口にしてはならぬと規定されているのです。よく知られているのは豚肉でしょうが、その食物規定は実に厳しいのです。その調理法にも定めがあります。

ニューヨークの町を歩いてごらんなさい。

至る所に「コーシャ料理」を売り物にしたレストランや「コーシャ」の看板を目にします（図39）。アメリカやヨーロッパの国内線の飛行機に搭乗すれば、すなわちユダヤ人が少しでも搭乗する可能性のあるエアラインであれば、コーシャ料理の提供があります――わたしたちも事前に申告しておけばそちらを持って来させることができます。古代世界で食べ物の選択から「あの人はユダヤ人であること」が分かってしまう場所があります。軍隊です。軍隊では豚肉が出されるのは普通ですが、ユダヤ人はそれを拒否いたします。拒否することでその人がユダヤ人であることが分かってしまうのです。豚肉でなく羊の肉を、山羊の肉と、牛の肉をと要求すれば、「あのわがままなユダヤ人」と陰口を叩かれます。ユダヤ人と異教徒の軍隊は面白い研究テーマになりますが、わたしたちがヘレニズム時代のことで確実に知っていることは、ユダヤ人がプトレマイオス王朝の何代かの王の軍隊に仕えたことです。豚肉はユダヤ人とそうでない者を選別するときにも使用されました。豚肉を平気で食べれば異教徒ですが、それを拒否すればユダヤ人です。もちろんこんな踏み絵は意味のないものだと考えて、豚肉を口にして迫害を生き延びたユダヤ人も大勢いたはずですが、食物規定を死守しようとするユダヤ人でしたら豚肉を口に突っ込まれても、吐き出さねばならないのです。前二世紀に書かれた旧約の外典文書である「マカベア第二書」や偽典文書である「マカベア第四書」などには、その極端な例が見られます。

図 39●コーシャの看板、ニューヨーク

異教徒の世界で誤解されているユダヤ人の楯にならねばヨセフスですが、彼はここでは次のように言うのみで肩すかしを食らわされたような気持ちにさせられます。

「モーセース（モーセ）はさらに、生き物を、食べてもよいものと絶対に口にしてはならないものに細かく区別した。わたしは機会があれば、彼がなぜあるものを食べられるとし、あるものを食べてはならぬと命じたか、その理由まで示して論じたいと思っている。しかし彼は、いかなる種類のものであれ、血を食用にすることを禁じた。血は（生き物の）魂（プシュケー）であり、霊（プネウマ）であると考えたからである。彼はまた、自然に死んだ生き物の死体の肉を食べることを禁じ、さらに内臓を包む膜や、山羊、羊、牛の脂肪を食べることを禁じた。」（三・二五九―二六〇）

ヨセフスには食物規定については詳しく述べる用意がありそうですが、それは本書の完成後に、別の著作で行うとしているのです。

ここでみなさん方にお伺いいたします。

血を生き物の魂、霊とするヨセフスの考えをどう思われるでしょうか？　血は実体のあるものです。それに反して魂や霊は実体のないものです。もしそうなら、実体のあるものを実体のないものにたとえるのはおかしなものであり、ここから議論を発展させるのは難しいのではないでしょうか？　それよりも、わたしたちはここでフラウィウス家の庇護下にあるローマのヨセフスが、つねにコーシャ料理の調理法にかなった食事の提供を要求しつづけることができたのかと想像してみましょう。確か、「郷には入っては郷にならえ」という諺があります。「ローマではローマ人のようにやれ」です。ヨセフスは、このあたりのことは適当にやっていたのかもしれません。適当にやらなければ、宮廷で生き延びることなどできないからです。いやもしかしてヨセフスは、コーシャ料理が意味のないことを承知していたかもしれません。知っていて適当にやっていたのかもしれません。コーシャ料理の調理法を守らないユダヤ人などごろごろしております。

レプラ患者に関する律法

ヨセフスはこれにつづけて「レプラ患者に関する律法」について語ります。

「モーセース（モーセ）はまた、レプラ患者や伝染病をもつ者を町から追放した。不浄中の女は七日間隔離させ、それが終わると清浄なものとして生活することを許した。同様に、（モーセースの）律法は、死者の埋葬式に加わった者にも適用される。すなわち、彼らも同じ日数（隔離された？）後、同胞に加わることが許される。

律法は、七日以上汚れた状態にある者にたいして、犠牲として二頭の子羊を供えるよう定めている。一頭は潔めのため、一頭は祭司用である。同じような犠牲は、伝染する病気にかかっている者も供える。しかし、夢精した者は冷水に飛び込めば、（普通の）男子が正妻と同衾した場合と変わらないと見なされる。

他方、レプラ患者の町からの追放は徹底しており、他人との交渉は許されず、患者は一個の死体と変わらなかった。しかし、もしも神への嘆願がかない、病気が治癒して再び健康な皮膚を取り戻した者は、わたしが将来語るような数々の犠牲を供えて、神に感謝しなければならない。」（三・二六一―六四）

レビ記の第一三章から第一五章までは、疑わしい症状の皮膚病の措置、急性のレプラ、皮膚の腫れ物、疥癬、白皮症、清めの儀式などを詳述しております（図40）。ヨセフスは明らかにこのレビ記の規定を知っていたはずですが、ここではその具体的な内容に立ち入ることはしておりません。その理由は、この一文に接続する「モーセのレプラ患者説」に反駁する一文から明らかです。ここでのヨセフスの目的は、モーセがレプラ患者でないことを申し立てることにあったのです。ただそれだけです。そのため、ここで三章にわたるレビ記の記事を可能なかぎり要約紹介してみたところで、うまくいって当たり前、失敗すれば、それを読む異教徒たちにユダヤ人の先祖であるモーセがレプラ患者だったという印象を与えます。その結果、「モーセ＝レプラ患者説」に勢いを与えかねません。

図 40●「モーセとレプラ患者」

わたしたちはこの一文にコメントする前に、それにつづく一文を読んでおきましょう。「モーセ＝レプラ患者説」に触れることができるからです。

ヨセフスは言います。

「これらすべてのことから（判断すれば）、モーセース（モーセ）がレプラを患い、エジプトから逃げ出さざるをえなくなり、（エジプトを）同じ理由で追放された人びとを指揮し、彼らをカナナイア（カナン）へ導いた、などと説く連中の話がいかにたわいない（か、容易に理解できるだろう）。なぜならその手の話が真実であれば、モーセースが自分に不名誉なこのような律法を制定するはずがなく、もし他の人たちが（そのような法律を）取り入れれば、おそらく彼はそれに抗議したに相違ないからである。まして、多くの民族の中には、特権を享受しているレプラ患者もいるのである。彼らは侮辱とか追放をうけるわけではなく、それどころか、もっとも輝かしい遠征を行い、政治の枢要な地位につき、また聖なる場所や聖所に入ることが許されている。

したがって、もしモーセースと彼にしたがった大勢の者がこの種の皮膚病を患っていたのであれば、彼はレプラ患者にたいしてこれほど過酷ではない、もっとはるかに有利な律法をつくったはずである。

要するに、わたしたちに向けられたこのような話は、彼らの嫉妬心から生まれたものであり、モーセースにはまったくこの種の病歴はなく、彼が交わった同胞も同様であったことは、きわめて明白である。モーセースがレプラ患者についてこのような律法をつくったのは、彼が神の栄光のためにそうすべきだと（信じたからにすぎない）。

いずれにしろ、この種の問題は、各人の判断に委ねるより仕方があるまい。」（三・二六五―六八）

ヨセフスはここでモーセがレプラ患者でなかったと申し立てております。その証拠を挙げております。その証拠を、もし彼がレプラ患者であったならば、レプラ患者に過酷な律法をつくるはずがなかったことにもとめております。ヨセフスは必死なのです。それでも彼は最後には居直って、奇跡物語を締めくくるときの定型句「いずれにしても、この種の問題は、各人の判断に委ねるより仕方があるまい」で一文を締めくくるのです。

この一文を読んだので、先に引用した一文に戻ってみましょう。

問題は、ヨセフスが「モーセ＝レプラ患者説」に反駁するために、レビ記の規定をどう都合良く改めたかです。

この一文で強調されているのは、

（一）モーセはレプラ患者ではなかった、

（二）そのため、レプラ患者には峻厳な態度で臨むことができた、
（三）その証拠はモーセが患者を一個の屍と見なして町から追放した、

ということです。城壁の外への追放は死を意味しますが、それでも構わない、なぜならば彼らは「一個の死体と変わりなかった」（ネクルー・メーデン・ディアフェロンタス）からだとヨセフスは申し立てるのですが、レビ記のどこを開いてもレプラ患者の町からの追放は書かれていないのです。「あれれれ」です。

レプラ患者の規定に触れているレビ記一三・四六は、ヨセフスのように非情ではなく、レプラ患者は「隔離されて住む。その者の生活の場所は、宿営の外とされる」としているだけなのです。なお、ここで付け加えておきたい事柄があります。民数記の第一二章は、エチオピア人女性を娶ったモーセに難癖をつけた彼の姉のミリアムと兄のアロンに主・神の憤怒が臨んだことを述べておりますが、それによれば、ミリアムは罰としてレプラに罹りましたが（申命記二四・九をも参照）、ヨセフスはこの話を再話しておりません。もちろんこれは彼が偶然的に省いたものではなく、意図的に省いたものであることは説明するまでもないと思われます。

その他の規定

ヨセフスは三・二六九で、モーセが定めた「産褥中の女性について規定」に触れ、三・二七〇―七三で、「不義を犯した女性の審問の仕方の規定」について、三・二七四―七五で、「禁じられた交わり」の規定について語り、さらに三・二七六―七九で、大祭司や祭司に要求される純血や、それを保つための規定について語り、それらの全文を「モーセース（モーセ）の存命中、彼から（わたしたちの父祖に）与えられ、すでに実施されていたものである」（三・二八〇）で結ぶと同時に、「しかし律法の中には、カナナイア（カナン）の征服後に活用するため、彼が荒れ野を彷徨していたときにあらかじめ考えておいたものもあった」（三・二八〇）として、三・二八一―八六で、安息年とヨベルの年の規定について触れ、それを「モーセース（モーセ）が、軍団をシナイオン（シナイ）山麓に幕営させていたとき、神から（直接に）聞いてヘブルびとに書き与えた律法の体系とは、（およそ）以上のようなものであった」（三・二八六）の一文で締めくくるのです。

そして最後にヨセフスは、三・二八七―九四で、律法の整備を終えたモーセが行った兵力調査や、幕屋の設営や移動の手順などを語り、ここまでの全文を「さて、モーセース（モーセ）は、エジプト出立以来はじめて、パスカと呼ばれる犠牲を荒れ野で供えた」（三・二九三）で結ぶのです。

第8章……シナイ山からカナンの地へ

ヘブルびとの不満、再び高まる

もしモーセとその一行が、神がはじめて顕現し茨の中からモーセに親しく呼びかけた場所か、十戒を与えられたシナイ山の麓近くに聖所のひとつでもつくり、近くに滞在中の、いや臨在中の神の加護でも受けながらその近辺の荒れ地を開拓していたならば、人口一〇〇万の大都市をつくるのは彼らにとってはそう困難なことではなかったと思われますが——なにしろ、モーセの一行は一〇〇万を優に超していたからです——、そうはせず、彼らはそこを離れて再び荒れ野の中に入って行くのです、カナンの地を目指して。

ここから先では民数記です。

民数記一〇・一〇以下によれば、エジプトを脱国して二年目の第二の月の二〇日に、モーセとその一行はシナイ山を後にいたします。彼らの先頭を行くのは「主の契約の箱」です。十戒が記された石板が中に入っているはずです。

民数記の第一一章は、空腹を訴える一行がモーセにたいして不満を並べ立てた話を語ります。エジプトで口にしていた「キュウリや、メロンや、ニラや、ニンニクや、タマネギ」（一一・五）などの新鮮野菜を思い起こすというのです。日が落ちた荒れ野で、夜風にあたりながら、肉鍋を箸でつつきたいというのです。毎日天から降ってくるマナだけでは飽きるというのです。民の不満を耳にした主なる神は大量の鶉《うずら》を彼らの宿営地の近辺に落としますが、ヨセフスはこれらのことは再話いたしません。

民数記の第一三章によれば、モーセとその一行は、いくつかの土地を通過してハゼロテに到着、さらにそこからパランに向かい、そこへも到達いたします。民数記一三・二―一七によれば、モーセはこれから入って行くカナンの土地を探るために、一二部族からそれぞれ選抜した一二名の斥候を送り出します（図41）。彼らはカナンの土地を縦横にめぐって四〇日後に帰隊し、その報告をいたします。そこは荒れ野よりもはるかにましな土地ですが、町々には城壁が巡らされており、巨人族の者たちを含む獰猛《ねいもう》な先住民が住んでいるというのです。偵察隊の二人を除いては、だれもカナン侵入に賛成い

図 41●「モーセ、斥候をカナンの地へ送り出す」

たしません。モーセはその攻略が容易でないことを認識するに至ります。そして、彼の一行の者たちは、報告を聞くと「もうだめだ」と思い込み、不平・不満を彼にぶつけます。

民数記一四・三三によれば、主なる神は、反抗的な民に憤り、四〇年にわたる荒れ野の中の彷徨を告げます。ここでのヘブライ語民数記の動詞は彼らが「羊飼い」になることを示唆するものですが、ギリシア語訳は彼らが「遊牧的な生活を送る」のニュアンスが込められている動詞を使います。しかし、彼らには羊や山羊などがいたのでしょうか？　確かに、彼らがエジプトを離れたときに、羊や山羊も彼らと一緒でしたが、もう食べ尽くしたのではなかったでしょうか？

それにしてもなぜ四〇年なのでしょうか？

民数記一四・三四によれば、彼らの偵察隊がカナンの土地で過ごした四〇日の一日を一年と数えて四〇年とし、神に反抗するとこういう厳しい仕打ちを受けるというのです。一神教の神は「報復の神」のようです。モーセは指揮官として送り出した者たちに可能なかぎり早く帰って来るようにと命じておくべきでした。

ヨセフスは、民数記一四・一一―三九に見られるモーセの祈りと神の応答をベースにして、これから先の四〇年にわたる彷徨を同胞たちに告げるモーセの姿を想像してみせます。

「今や神は、おまえたちの無礼千万な態度に立腹して報復されるであろうが、それはおまえたちの誤りに応じた罰というよりも、むしろ子供を本心に立ち返らせる父親の折檻《せっかん》とも言うべきものである。

わたしが幕屋の聖所に入り、おまえたちの手によってわたしの身に迫っている破滅を嘆き悲しんでいたとき、神はわたしに次のことを想起された。すなわち、神がこれまでおまえたちのためにしてくださったすべてのことや、神がいかにして多くの幸福をおまえたちに与えられたか、そしてそれにもかかわらず、おまえたちが今や隊員の臆病風に誘い込まれ、彼らの報告が神の約束より真実に近いと思い込み、神にたいする忘恩の徒になり下がってしまったこと等である。

神はおまえたち全員を破滅させたり、全人類の中でもっとも高く評価しているおまえたちの種族を根絶されようとしているわけではないが、おまえたちがカナナイア（カナン）の地を占領して繁栄することは認められない。今後おまえたちは、住む所や町のないまま、荒れ野で四〇年間乏しい惨めな生活を送ることになる。これはおまえたちが犯した罪の報いである。自制心を欠くおまえたちが直接あずかることはできないが、神はおまえたちの子供にはこの土地を与え、彼らをその豊かな資源の支配者にすると約束しておられる。」（三・三一一―一四）

ここでの「四〇年にわたる彷徨」の「四〇年」は、すでに見たように、モーセの嘆願にたいする神の応答の中にある言葉ですが、ヨセフスはそれをモーセの言葉の一部としております。それにしても、これからの四〇年にわたる荒れ野での厳しい試練が「父親の折檻」のようなものだそうですが、このたとえはいかがなものでしょうか？　このたとえを口にするモーセはいかにも無能な指揮官に見えます。民がますます怒り狂うのも当然です。彼らはモーセとアロンを殺害しようとさえします。

ヨセフスはさらに次のように申します。

「モーセース（モーセ）がただひとりの力で、こうして怒り狂った群衆をとりしずめて冷静な状態に引き戻したと思うのは間違いである。なぜなら、神はつねにモーセースの傍らに臨在されていたのであり、モーセースの言葉に人びとがしたがうよう、絶えず仕向けておられたからである。そのうえ、人びとも、モーセースの忠告をしばしば無視したが、その都度災禍をこおむって、反抗の無益さをよく知っていたからである。」（三・三一六）

この先が奇妙です。

ヨセフスは次に、モーセの教えは、神から与えられたものであるがゆえに永続的であり、人びとはそれを破ればただちに罰せられると考えていると述べるのですが、そのさい彼は「今次の戦争」、すなわちローマにたいする戦争（六六―七〇年）の前にエルサレムを襲った飢饉でも、祭司たちはモーセの律法を恐れて、神殿に搬入された小麦粉を不正な仕方で手に入れることはしなかったことをある具体的な事例を引いて強調いたします。そしてヨセフスは「こうした事例は、何も驚くほどのことではない。（わたしたちの間では）モーセース（モーセ）が残した文書が現在でも絶大な権威をもち、わたしたちの敵ですら、わたしたちの統治原理はモーセースの徳と働きによって、神のつくられたものであることを認めていることからも明らかである」と語った後、その一文全体を、すでにここまでで何度も紹介した定型「なおこの件に関しては、人はそれぞれの見解をもって一向に差し支えない」（三・三二二）で結ぶのです。

ヨセフスがここで持ち出した事例は正しいのでしょうか？

歴史的に言えば、これは眉に唾をつけて聞かねばならぬ事例です。イエス時代の大祭司一族や、エルサレムの祭司たち、サンヘドリン（議会）の議員の腐敗堕落は目にあまるものでした。それを一番よく知っていたのはヨセフスです。「それは醜い酷いものでした」としか言い様のないものですが、彼はそれを口にはいたしません。物語作家は歴史の醜い真実に拘泥してはいけないのです。とくに物語の聞き手が異教徒であるときには。

モーセの一行、カナン人と戦う

すでに述べたように、モーセはカナン侵入にゴー・サインを出しません。一部の者は荒れ野の中での窮乏生活に耐えかねてカナン人に向かって進撃しますが敗北し、モーセのもとへ戻って来ます。ヨセフスによれば、「彼らはこの思いもよらぬ敗北に落胆し、その後はもはや幸福などをもとめようとはしなかった。そして敗北の原因は、神の同意を仰がずに軽率に戦争を仕かけてその怒りを買ったためだと考えた」（四・八）そうです。

無規律の支配

敗北を喫したモーセの率いる大軍団には無規律が支配いたします。

ヨセフスは軍団における規律をパレスチナにやって来たローマ軍の平時における訓練や戦時に見ておりました（『戦記』二・五七七以下）。彼は軍団の無規律をローマ兵に立ち向かうガリラヤで狩り集めて訓令を施した自警団的な自軍の若い兵士たちに見ておりました。彼は指揮官として無規律な若者たちの集団に立ち向かったとき、彼らから罵詈雑言《ばりぞうごん》を浴びせられ、そして投石さえされ、命の危険をたびたび覚えました。

ヨセフスは次のように書き、それにツキディデスの文体を好む助手（たち）が手を入れます。

「ところで、とくに敗戦後の大軍というものは、とかく（無規律）不服従になって御しがたいものだが、ユダヤ人の場合も例外ではなかった。また六〇万の人びとを上官たち（の命令）にしたがわせることは、その数からして、おそらく繁栄のときでも難しかったであろう。まして不幸（のどん底）に落とされて窮迫に苦しんでいるときではなおさらである。彼らは互いにいがみ合い、指揮官（モーセース）に噛みつくようになった。

こうして彼らの間には、ギリシア人や非ギリシア人の世界にも類例のない暴動が発生した。そしてそれは、モーセース（モーセ）が中に入らなかったならば——彼は人びとの投石で殺されかねなかったが、彼らに恨みを抱くようなことはなかった——、全民族を破滅の淵に追いやりかねないほどはげしいものであった。」（四・一一―一二）

ここでヨセフスが強調する「ギリシア人や非ギリシア人の世界にも類例のない暴動」とは何なのでしょうか？

「ギリシア人や非ギリシア人の世界に類例のない」は、物語作者が、読者の好奇心を煽り立てるためによく用いる文学的定型ですが、それでも「何だ、何だ？」となります。

「何だ？」は何だったのでしょうか？

それは民数記一六・一以下で語られているコラの反乱です。反乱の指導者に要求されるのは民を扇動する雄弁です。反乱の指導者にはまた出自のよさが要求されます。

コラの反乱

ヨセフスはコラの反乱物語を再話するにあたり、コラを「ヘブルびとの中でも出自のよさとその富のためにもっとも有名な者のひとりで、雄弁家として群衆に巧みに語りかける才」(四・一四)を持ち合わせた人物とし、「モーセース(モーセ)と同じ部族で、彼の縁者」(前掲箇所)として紹介いたします。出エジプト記六・一六、一八、および民数記一六・一によれば、コラとモーセは従兄弟同士のようですから、ヨセフスがここでコラをモーセの「縁者」と書くのは正しいことになります。ヨセフスはコラは身内のモーセやアロンが最高の地位につくと「はげしく嫉妬するようになり」、自分も彼らに「劣らぬ栄誉をうけて当然だと考え、不平を鳴らしはじめた」(前掲箇所)と反乱の動機を書きます。すでに『異教徒ローマ人に語る聖書』で指摘しましたが、「嫉妬心」(フトノス)はヨセフスの人間観察の根本にあるものです。彼は人を攻撃したり批判したりする者たちの動機に嫉妬心があるのを見抜いております。

民数記一六・三によれば、反乱に立ち上がったコラはモーセとアロンにたいして次のように申します。

「あんたがたに分かってもらいたいものだ。全会衆はみな聖なる者(であり)、主が彼らの中に(いる）ことを。それなのに、なぜあんたがたは主の会衆に逆らって、その上に立つのだ？」

ヨセフス創作のコラのアジ演説

ヨセフスはこの短いコラの言葉に枝葉をたっぷりつけて、次のようなアジ演説に変えます。

「不遜にも神の名を利用し、個人的名誉の追及に汲汲としたモーセース（モーセ）の所業を、ただ傍観しているだけとは情けない。奴は自分のつくった律法さえ無視し、人びとの総意にはからず、（大）祭司の地位を一存で兄のアアローン（アロン）に与えた。これはまさに、自分の意中の人間に（恣意的に）名誉を与える独裁者のやり方にほかならない。

公然たる暴力よりも秘密裏に運ばれるこの種の陰謀こそ悪質である。それは人びとの意思を踏みにじるばかりか、人びとに裏切りと気づかせずに権力を盗み去るからだ。

自分こそ名誉を受けるに値すると言う（自信のある）者はだれでも、その名誉を暴力で奪取したりはせず、人びとの同意のもとに（正々堂々と）それを受けようとするだろう。しかし、正当な手段では名誉を受けられない者が、正しい人間と思われたいために暴力を控えるならば、悪質な計略に頼らざるをえなくなるものだ。

おまえたちにとって肝要なことは、こうした連中が権力ある地位についておまえたちの公然たる敵にならないうちに、すなわちこの連中が（おまえたちがことの真相に）気づいていないと思い込んでいるうちに、（機を失せず、いち早く連中を）処罰してしまうことだ。

なぜモーセースはアアローンとその息子たちを（大）祭司職につけることが許されると思ったのか？　もし神がこの名誉をレウィテス（レビ）の部族の一員に与えるべきであると決定されたのであれば、このわたしこそそれを受けるにふさわしい。出生はモーセースと変わらず、富と年齢は彼にまさっているからだ。また、もしもっとも古い部族からというのであれば、それは明らかにルーベーロス（ルベン）の部族の者たちであり、ダタメース（ダタン）、アビラモス（アビラム）、ファラウース（ペレツ）らがこの名誉にあずかればよい。彼らはこの部族の最長老であり、財力もあるからだ。」（四・一五―一九）

ヨセフスは民数記が明確には言ってはいない「ネポティズム」の世界に踏み込み、コラにモーセのネポティズムを攻撃させます。身内贔屓《びいき》、縁者引き立てがネポティズムです。エルサレムの大祭司一族の世界がネポティズムの世界です。そこで幅をきかすのが正統性を楯にした情実です。本当は大祭司の正統性のラインなどはとうの昔に消滅していてもです。ローマの皇帝権の継承は、基本的には、軍団の推挙ですが、それでも皇帝に選出された者は情実人事のやり放題です。

しかしコラがアロンを大祭司職に任命したモーセをネポティズムで非難しても、自分にその大祭司職を寄こせと主張するのであれば、その非難の正当性は失われます。コラがモーセやアロンの係累であるだけに、コラはネポティズムを否定しようとして新たなネポティズムを要求することになり、しかもその要求はモーセやアロンにたいする「嫉妬心」から生まれた己の不遇の改善運動の側面をもつものだからです。ここに人間の「勝手」と「嫉妬心」の同居を見ることになるのですが、ヨセフスは民数記に記されたわずか数行のコラの言葉に彼の嫉妬心のあることを読み取っているのです。

民数記はコラの演説を聞いたモーセは「面を伏せた」（一六・四）と書きますが、人びとの反応には触れておりません。しかしヨセフスは、コラの演説は最初から彼と徒党を組んでいた者たちばかりか、「群衆」、「一般大衆」の支持を受けたものと想像し、彼らは「(ほとんど暴動にも等しい）騒ぎと混乱の中で徒党を組んで集結し、神の幕屋の前に立つと、(口々に、次のように）わめきちらした」(四・二二）というのです。

「暴君を追い出せ。神の名をかたって独裁者のような命令ばかりを出す輩《やから》の奴隷であるのはもうまっぴらだ。もし神が（大）祭司たる人物を選ばれたならば、その地位にもっともふさわしい人物を立てたはずで、まさかおれたち大部分の者より劣る男には授けなかったろう。またそれをアアローン（アロン）に授けるにしても、彼を推挙する権限は人びとに与えて、彼の兄弟には委ねなかった

ろう。」（四・二二─二三）

冒頭から尋常ではありません。「暴君を追い出せ」です。ある写本では、「暴君を（ここに）引き出せ」です。リンチ寸前の光景がチラチラと見えてきます。ここでの「独裁者のような命令」のギリシア語ビアイア・プロスタグマタは「暴力的な命令」「暴力を伴う命令」とも訳せるものですが、ヨセフスはここで、コラの演説の核となる部分を基本的には繰り返しております。扇動された群衆は扇動した者の言葉を繰り返すことを体験的によく承知しているようです。

ギリシア語訳民数記一六・五─七によると、モーセは徒党を組んでいる二五〇人の者に向かって次のように申します。

「神はお調べになって、ご自分の側につく者たちと聖なる者たちを知り、（その者たちを）ご自分の所にお導きになった。（神は）ご自分のために選んだ者たちを、ご自分の所にお導きになった。おまえたちは、次のようにするがよい。コラとそのすべての仲間の者たちよ、おまえたちはおまえたち自身のために火皿を取り、明日、主の前でその上に火を置き、そしてその上に香を置け。そのとき主がお選びになる男、その者こそは聖なる者（である）。レビの子らよ、おまえたちにはこれで十分としよう。」

ギリシア語訳民数記一六・八―一一によれば、モーセはコラに向かって次のように申します。

「レビの子らよ、わたしの言葉に耳を傾けるのだ。イスラエルの神は、おまえたちをイスラエルの会衆から選り分け、主の幕屋の奉仕をするために、また会衆の前に立って彼らに奉仕するために、おまえたちをご自身の方にお導きになったが、それはおまえたちにとって小さなことなのか？　神はおまえとおまえの兄弟たちであるレビの子らを、みなおまえと一緒にお導きになった。それなのにおまえたちは、祭司の職までもとめるのか？　おまえと、おまえと徒党を組んだおまえの仲間の者たちはみな、こうして神にたいして逆らっている。おまえたちがぶつぶつと不平を並べ立てるアロンを、だれだと思っているのか？」

ヨセフスもこの場面を再話いたします。

彼はここでのモーセが「コーレース（コラ）に向かってあらんかぎりの大声を上げて」語りかけたとします。そして彼は自分の再話が長くなることを予想したためでしょう、モーセは「さまざまな才能に恵まれていたが、すぐれた説得力をもそのひとつであった」（四・二五）とあらかじめ言うのです。

すでに見てきたように、出エジプト記四・一〇によれば、モーセは「弁の立つ者」ではなく、「口ごもる者」であり、「口べた」でしたが、ヨセフスがここまでで描くモーセは、訥弁とは無縁の達弁の人でした。ヨセフス自身が立て板に水を流すような能弁家、いや雄弁家だったからです。彼の滑舌に磨きがかかったのは、彼が対ローマのユダヤ戦争でユダヤ側の指揮官をしているときです。指揮官に要求されるのは雄弁です。配下の兵士たちを敵陣に突入させるための説得の雄弁です。敗北を喫しても次回を期しての鼓舞激励の雄弁です。ヨセフスの雄弁は、ローマ軍につかまってからも、ローマ軍の陣営のだれしもが認めるものでした。実際彼は、エルサレムの神殿に火をかけられる直前に城壁の前に立たされ、城壁の上の同胞たちに向かって投降を勧めたのです（『異教徒ローマ人に語る聖書』第一章参照）。

ヨセフス創作のモーセの反コラ演説

ヨセフスは、いやモーセは、コラと二五〇人の男たちに向かって次のように言います。長いので、全体を三つに分けてみます。必要ならばコメントをその都度加えます。

「コレース（コラ）よ。おまえと、おまえたち（二五〇人の男たちの）一人ひとりは、この名誉ある地位にふさわしい者たちであるように見える。それどころか、財産その他の栄誉がなくても、ここにいるだれでもが、実は同じような名誉を受ける資格をもっていると思っている。現在、アアローン（アロン）がその名誉ある大祭司職に任ぜられているが、それは彼がおまえたちよりも財産家だからではない。なぜなら、おまえたちの財産は、わたしと彼の財産を合わせたものより大きいからだ。また彼の出自が高貴だからでもない。この点、神はわれわれを公平に扱われ、われわれはすべて同一の先祖から出ているのである。

またわたしが、兄弟愛から、他の適当な人物を押しのけて、兄にこの聖職を与えたのでもない。なぜなら、この地位を神も律法も無視して与えてよいのであれば、わたしは決してそれを他人には譲らず自分が選びとっていたはずだからだ。わたしには、自分の方が兄よりははるかに近い身内であり、より強く結びついている人格なのだ。また実際のところ、その地位から得られる数かずの恩典を自分以外の者に与えて、それで自分の方が不正を犯していると言われかねない危うい橋を渡ることほど馬鹿なことはない。

しかし、わたしはそのようなつまらぬ考えを超越している。また神も、そうした考えにもとづく侮辱を我慢されるはずはなく、ご意志どおりにされたかったのであれば、おまえたちにそれを示されたであろう。」（四・二五─二八）

ここでは冒頭から「機会均等」の強調です。ネポティィズムを否定しているかのように見えます。コラや、彼と徒党を組む二五〇人の男、いやそればかりか、「だれでも」（トン・ホミロン・パンタ）

が大祭司職に就く資格があるというのです。その職はそれまで貯えた財産やそれまでに与えられた栄誉とは無関係のものだというのです。ここではまた神の「公平性」の強調です。ここではまたモーセ自身の「無私」の強調です。アテーナイのアルコーンの選出の光景が思い起こされます。デーモクラティアの思想はアテーナイではなくてモーセの大軍団の中で育まれようとしているのです。

ヨセフスはつづけます。

「ところが神は、ご自分に奉仕する祭司としてアアローン(アロン)を選ばれた。われわれはこの点には何の責任も負っていない。アアローンは、(現在の名誉ある職を)手にしたが——もちろん、それはわたしの好意からではなく、神の判断による——、今それを(その職にふさわしい)と思っている人に広く開放して(おまえたちの選択にまかせようと申し出ている)。もちろん彼は、前回の(神の)選択や、今もその所有者であることに何のこだわりももってはいない。

たとえ彼がおまえたちの決定によって、再びそれを維持することになっても——われわれは、神が一度与えられたものがおまえたちの好意によって再び彼に与えられると信じている——彼の願いは、その名誉を手にすることではなく、おまえたちの不和を解消することである。神から与えられたこの名誉を自ら放棄することは、神への重大な不敬行為を意味する。しかしまた一面、神から与えられた特権を永久不変であると思い込み、神がそれを享受することを保証されなくとも、あ

くまでもそれを維持しようと頑なになるならば、これも常識にはずれたことである。」（四・二八―三二）

引用した文中の第二段落に「われわれは、神が一度与えられたものがおまえたちの好意によって再び彼に与えられると信じている」とありますが、ある写本は「われわれは、神が一度与えられたものは、たとえおまえたちの好意がなくとも、間違いなく手に入れる」と読んでおります。ヨセフスのギリシア語テクストを編纂したことで知られるB・ニーゼと呼ばれるヨセフス学者は、この読みを採用します。どちらがよい読みなのか、わたしには判断できません。

ここでのヨセフスはモーセに、アロンが神の意志で選ばれたことを強調させると同時に、大祭司職を民意によって選ぶよう提案させます。大軍団の総指揮官モーセはすでにしてデーモクラティアの何たるかを知っているかのようですが、ヨセフスはモーセにその結果を暗示させます。なぜならば、ヨセフスはモーセに、神にも「意中の者を指名する権利がある」と言わせ、その権利が否定されるような事態を招来させてはならないと強調させるのです。利害の調停の中で、ヨセフスは巧みです。巧みすぎます。

「神は再び、おまえたちに代わって神に犠牲を捧げ礼拝の儀式を司る者を指名されるであろう。なぜなら、この聖職に野心をもつコレース（コラ）のために、意中の者を指名する神の権利が否定されれば、恐ろしいことになるからだ。

さあ、こんな争いや騒動はもう打ち切ろう。そして明朝、おまえたちの中で大祭司職を望む者は、各自、家から香炉に薫香と火をそえて持ち、ここに集まってもらいたい。コレースよ、おまえも神の選びの審判を受け、その判断にしたがわねばならない。自分が神よりすぐれているなどと思い上がってはいけない。おまえはこの特権を手にしたがっているが、とにかく神の判断を受けねばならない。

わたしはアアローン（アロン）も神の選ぶ候補になって差し支えないと思う。彼もコレースと同じ一族であり、（大）祭司の務めをはたした期間に咎めるべき過失はまったくなかったからだ。（明日）この場所へ集まったら、すべての民の見守る中で薫香をたきなさい。そして、神がもっとも喜ばれる薫香を犠牲として献げた者がおまえたちの（大）祭司に選ばれるのだ。そのときわたしは、この（聖）職を依怙贔屓《えこひいき》のために非難を受けなくてすむのだ。」（四・三二—三四）

民数記一六・六—七によれば、モーセはコラおよび彼と徒党を組む者たちに向かって、「彼らが各自火皿を取り、明日、主の前でその上に火を置き、そしてその上に香を置く」よう命じます。ヨセフスによれば、「モーセース（モーセ）がこのように語り終えると、人びとは（ようやく）騒ぎをおさめ、彼にたいする疑惑をといてその提案に同意した。実際、それは民にはすばらしい提案であった。彼らは（議論を打ち切ると）集会を解散した」（四・三五）そうです。モーセの提案はさっそく実行に移されます。

ヨセフスは翌日の光景を想像してみせます。

「翌日、人びとは、犠牲の供犠に参列し、（大）祭司職を争う者たちの犠牲によって行われる（神の）判定を見ようと集まった。集会は騒々しいものだった。大勢の者が、何が起こるのかと待つうちに落ち着きを失っていたからである。ある者はモーセース（モーセ）が悪人として断罪されるかと胸をときめかした。思慮ある者はこうした騒ぎや混乱から（一刻も早く）解放されるのを望んだ。彼らは、騒乱がこれ以上大きくなれば、自分たちの組織の調和が崩れて（さらに悪くなると）恐れたのである。しかし、大衆は本能的に権力ある人びとを非難することを喜び、噂話の一つひとつに異なる意見を吐いては騒ぎまわっていた。」（四・三五—三七）

ここには大衆の心理に立ち入るヨセフスの深い洞察が見えます。

民数記一六・二五によれば、モーセは騒ぎを起こしているダタンの所に出かけて行き、彼らの会衆に向かって語りかけます。その語りかけの内容は非常に短いものですが、ヨセフスはここで神の介入を祈るモーセの祈りを創作いたします。

ヨセフスはモーセが彼らに近づくと「両手を天に差し伸べ、（集まった）大勢の者たち全員に聞こえるように大声をはり上げて祈った」(四・四〇)と申します。わたしは後の時代の第一神殿や第二神殿の大祭司や祭司たちがどのようなポーズで祈ったのかをよく承知しておりませんが、ここで確かなことは、「両手を天に差し伸べて」祈る姿は、オランスと呼ばれるローマのキリスト教徒たちの祈りのポーズだということです。その姿はカタコンベの壁画にしばしば描かれるものです(図42)。ここでは、ヨセフスはローマで彼らキリスト教徒が祈っている姿を目撃したことがあると楽しく想像したいものです。

図42●初期キリスト教徒の祈りの姿、ローマのカタコンベ

ヨセフスは次のようにモーセの祈りを創作いたします。

「天にあり、地にあり、海にあるいっさいの（造り主である）主よ。あなたこそ、わたしがこれまで行ってきたことのもっとも信頼すべき証人です。わたしが（行ってきた）すべてのことはあなたのみ心にしたがったものであり、わたしが何事を行うにも、あなたは（つねに）援助を惜しまれませんでした。あなたはまた、ヘブルびとが窮状《きゅうじょう》にあれば、彼らに憐れみを垂れました。（主よ、）どうか（今）わたしのもとに来てわたしの言葉に耳をおかしください。

いかなる行為や考えも、あなたはすべてお見透しです。ですから、どうかこれら一味の忘恩の行為を裁き、真実をお証しになってください。事実、わたしが生まれる以前の諸事件は、あなたご自身がもっともよくご存じです。それもひとの噂から聞いたのではなく、ご自身の前で起こった事件の目撃者としてです。それ以後の事件のことは、人びともよく知っているはずですが、不当にもこの者たちだけは疑っているのです。（主よ、）どうかわたしの証人になってください。

わたしは、自分の勇気と、あなたの好意と、義父のラグエーロス（リウエル）が残してくれたもののおかげで何の心配もない安逸な生活を送っていましたが、それまでのすべての幸福を投げうち、人びとの苦難のために立ち上がったのです。わたしの仕事はまず（人びとを）解放して自由にしてやることでした。そして今は、今日までわたしが耐えてきた労苦がいかに辛かろうとも、わたしの全精力を集中していっさいの危険に対処し、彼らを救ってやることとです。

ところがこの連中は、自分たちが今生きながらえていられるのはわたしの労苦のおかげであることを忘れ、わたしが悪事を企んでいると疑っている始末なのです。」（四・四〇—四三）

この一文にはヨセフスが自分をモーセに同化させていると読み取れる箇所があります。「何の心配もない安逸な生活を送ってきた」ことへの言及です。「それまでのすべての幸福を投げうち、人びとの苦難のために立ち上がった」ことへの言及です。「わたしの仕事はまず（人びとを）解放して自由にしてやること」だったことへの言及です。

ヨセフスはモーセの演説を創作している最中に、いつの間にかコラが仇敵であるガリラヤのティベリアスのユストスとダブりはじめているのかもしれません。モーセと徒党を組んだ二五〇名の男たちは、ユストスと一緒にローマにいるヨセフスのもとへ乗り込んだ彼の応援団の男たちとダブルものであったかもしれません。もしそうであれば、ついつい力が入ってしまうのも無理からぬところです。

ヨセフスは、いやモーセはさらに語りつづけます。

「神よ、お願いです。あなたはシナイオン（シナイ）山でわたしにあの（燃え盛る）火を見せ、そのときあなたの声を聞かせてくださいました。（そのうえ）そこで数かずの不思議な出来事を見ることを許してくださいました。

あなたはまた、わたしにエジプトへ急ぐように命じ、わたしたちの民族にあなたの意志を明らかにされました。あなたは、エジプト人の繁栄に打撃を与え、ファラオーテース（ファラオ）の権威を卑しめ、彼らへの隷従の軛から逃げ出す機会をわたしたちに与えてくださいました。そして、わたしたちが進む道を失ったとき、海を干して陸地とし、（再び海が閉ざしはじめると）その逆立つ大波でエジプト人を破滅に追いやってくださいました。

また、わたしたちの無装備の軍に、身の安全を守る武器を与えてくださいました。あなたは、わたしたちのために、汚れた泉からきれいな水を湧き出させ、もっとも窮迫していたときには、岩の中から飲み水を取り出す方法まで教えてくださいました。

あなたは地が実を結ばなくなったとき、わたしたちを救うために、海からの食べ物を、いやときには、それまで聞いたこともないような食べ物を空から降らしてくださいました。そしてあなたは、わたしに律法の知識を教え、（それにもとづく）統治の仕組みをつくるよう命じられました。」（四・四三―四五）

ここでのモーセは、それまでの救いの歴史を回顧します。それはシナイ山の燃え盛る茨の火にはじまるさまざまな出来事の要約です。先にわたしは民数記の第一一章の記事に触れて、ヨセフスはそこで語られている「鶉」の話には触れていないと申しましたが、ここでの「海からの食べ物」は鶉を指し、「空からの食べ物」はマナを指します。彼は忘れてはいなかったのです。

ついでモーセは、自分の身の潔癖を次のように訴えるのです。

「全（宇宙）の主（である神よ）、どうかここに臨在されて、わたしの訴えを裁き、もっとも廉潔な証人として証言させてください。わたしが今まで法を曲げてヘブルびとから賄賂を受けるようなことをしなかったこと、また富者の利益を計るために正当な理由をもつ貧者に不利な判決を下したことはないこと、そして共同体（の利益）を阻害する行動をとったことはまったくないこと、まして、あなたの命令によらずに、自分の依怙からアアローン（アロン）を（大）祭司職に任命するような、自分の行為に私情を交えることなどは夢にも考えなかったことを。

（神よ、）どうかもう一度（明白に）示してください。すべてはあなたの摂理によるのであり、偶然や僥倖《ぎょうこう》によって起こるものは（この世に）何ひとつなく、あなたの意志だけが（すべてを）支配してその目的を告げるのだということを。

（神よ、）示してください。神はわたしの策謀に陥るほど無関心なのだとあなたを非難するアビラモス（アビラム）とダタメース（ダタン）に復讐し、あなたが思いやりをかけるのはヘブルびとに奉仕する人びとだけであるということを。

（神よ、）あなたの栄光に挑戦するこのような狂気の者たちにはっきりした裁きを示してください。

それも彼らが尋常でない仕方で生を断つようにしてください。人類一般の法則にしたがって死んだと思われる死を与えてはいけません。彼らとその家族や一味が今踏みしめている大地を引き裂いて（彼らすべてを）呑み尽くしてください。それはあなたの力を万人に顕示するとともに、あなたにたいして冒瀆的な考えを抱く輩は（いずれも）こうした運命に苦しむのだという恐怖によって人びとの中庸や穏健への教訓にもなります。またわたし自身もあなたの命令に忠実な奉仕者であることが証明されるのです。

しかし、もしわたしにたいする彼らの非難が正しければ、どうか彼らをあらゆる災禍から守ってください。そして、わたしが祈願した彼らの破滅をわたし自身に加えてください。

いずれにしろ、あなたの民に不正を働こうとする輩に正義の裁きを下されることは、今後の協調と平和を人びとにもたらします。あなたの命令にしたがう多くの者には救いを垂れ、彼らの罪を犯した輩の処罰の巻き添えにしないでください。なぜなら、彼らの悪行のために、すべてのイスラエール（イスラエル）人が一緒に処罰されるのは不当であることを、あなたご自身がよくご存じだからです。」（四・四六―五〇）

ヨセフスは、だれを念頭に置いて、この一文の第一段落を書いているのでしょうか？

それは先にその名を挙げた、彼を執拗に追い回し、ガリラヤからローマにやって来て、戦後二〇年も経つというのに、彼を告発しつづけるガリラヤのユストスです。ここに「法を曲げてヘブルびとから賄賂を受け取ることはなかった」とあります。これはここまでのモーセの行動の文脈に入り込む言葉ではありません。ヨセフス自身の弁明の言葉なのです。「富者の利益を計るために正当な理由をもつ貧者に不利な判決を下したことはなかった。」確かに、モーセは、舅の助言により、苦情の処理機関を設けましたが、それは第三者に委ねたのですから、ここでの言葉もモーセのここまでの行動の文脈に入り込むものではありません。これはヨセフスを非難する者への彼自身の弁明の言葉なのです。ヨセフスは六六年にエルサレムの「民会」（ト・コイノン）からガリラヤへ派遣されたときに最初につくったのが同じような機関でしたが、そこでの采配を振るったのがヨセフス自身なのです。「共同体の利益を阻害するような行動をとったことはない」とあります。ここでの「共同体」（ト・コイノン）はヨセフスが最初から活動の拠点としたティベリアスの町を含むガリラヤの町々や村々です。ヨセフスはそれらの一部をローマ軍に売り渡したと非難されていたのです。

ヨセフスは次に神に向かって、すべてのことが「あなたの摂理のもとにある」ことを強調します。ここでの「摂理」のギリシア語はプロノイアですが、この一文のより正確な日本語訳は「すべてのことはあなたの摂理でもって差配されております」となります。ここでの「差配される」のギリシア語はディオイケイタイです。このギリシア語は「管理する」や「運営する」の意を内包いたします。プロノイアとディオイケイタイを使用するヨセフスは運命論者であるか、運命論者であることを装っております。わたしたちが思い起こしたのは、歴史に登場するヨセフスが、自分が神の摂理のもとにあると述べてデビューしたことです（『異教徒ローマ人に語る聖書』の第1章「ローマへの船旅」参照）。

以上がヨセフスが創作して、モーセの口に入れた長い祈りです。

コラ、割れた大地に呑み込まれる

民数記の第一六章によれば、モーセが語り終わるや、大地が割れてダタンとアビラム、コラや彼と一緒にいたすべての者が呑み込まれ、「生きながらにして陰府に落ちて」（一六・三三）いったそうです（図43）。そしてまたそのとき、「火が主のもとから出て、香を携えた二五〇人の男たちを焼き尽くした」（一六・三五）そうです。

こうしてモーセに楯突いた者たちの大掃除は終わったわけですが、わたしには、香を携えた者二五〇人が見事滅びの対象とされて滅ぼされ、そのさい他の対象外の者たちを火がなめ尽くさなかったとされる光景は、すでに見てきた脱国のさいのエジプトを撃つための「過ぎ越しの出来事」の光景の別バージョンであるように思われますが、いかがでしょうか？　選別の上で滅びの対象とした者を徹底的に滅ぼす思想は「絶滅の思想」ないしは「抹殺の思想」と呼ぶべきものですが、それがここでも認められるのです。

図 43●「大地に呑み込まれるコラとその一党」

ヨセフスはこの一連の大掃除の光景をどのように描いたのでしょうか？ 彼はまずダタンとその一味が滅ぼされる恐怖の場面を、民数記一六・三一―三五から想像いたします。

「モーセース（モーセ）が涙をうかべてこう語り終えると、突如、大地が揺れはじめ、はげしい風の力で上下する波のように震動が地表を走った。すべての人びとは恐怖にとらわれた。そして、大地が大轟音とともに割れて崩れ、人びとの幕舎は落下した。彼らの貴重なものはすべて流され、奥深く呑み込まれてしまった。

犠牲者は自分の運命が分からぬまま一瞬にして抹殺された。大きく割れた大地が再び閉じて元にもどると、そこは（今）大惨事のあった所とは信じられないほど何も変わってはいなかった。

こうして彼らは破滅し、神の（偉大な）力は示されたのである。

この大惨事と恐ろしい結末に彼らの縁者までが喜んだので、（滅んだ）彼らに同情を寄せる人があるかもしれないが、縁者たちは、自分たちが彼らの係累であることをすっかり忘れ、目前で起こったことによって、（神の）審判を認め、ダタメース（ダタン）一味が極悪人として身を破滅させたと考えて悲しみを表に出すのを差し控えたのである。」（四・五一―五三）

ついでヨセフスは、コラの一党が滅ぼされる場面を、すでに引用した民数記一六・三五のわずか一行の文章「火が主のもとから出て、香を携えた二五〇人の男たちを焼き尽くした」から、次のように想像を膨らませます。それは二五〇人の男子全員が大祭司を選ぶために、アロンも含めて幕屋の前に進み出て、各自が携えてきた香炉の上で薫香に火を投じた瞬間のときのことです。

「すると突然、そこに（巨大な）火炎が燃え上がった。それは記録に見るかぎり、人間の手でつくられたものに似ていなければ、地下熱によって地表に噴出したもの、烈風に煽られて発生した森林の火災のときのもの、自然の山火事のときのもの等のいずれにも似ていなかった。それは神の命によって燃え上がった、明るく輝く、もっともあつい熱をおびた火炎であった。この火炎が上から吹き付けると、下にいた二五〇人の者とコレース（コラ）は（たちまち）焼かれ、死体の痕跡すら残さなかった。生き残ったのはアアローン（アロン）だけであった。彼はその火炎で火傷ひとつ負わなかった。神は焼き殺すべき者だけを焼き殺されたのである。」（四・五四―五六）

「神は焼き殺すべき者だけを焼き殺されたのである。」

ヨセフスはここで「殲滅の思想」ばかりか、その前提となる「選別の思想」をも口にしております。そしてアロンだけが火傷ひとつ負わなかったことを強調して、「いっぽうアアローン（アロン）は、大祭司職がモーセース（モーセ）の依怙贔屓ではなく、神の判断によることが認められたので、息子たちとともにその地位にふさわしい名誉をうけることになった」（四・五八）と、アロンにはじまる一族による大祭司職の継承を念頭に置いて、アロンの「息子たち」にも言及するのです（図44）。ヨ

図44●「モーセ、アロンとその子らを祭司に任命」

セフスもなかなかの知恵者ですが、わたしたちはここで、すでに再三登場願っているサッカレーと呼ばれるヨセフス学者が、ここでツキディデスの文体を好むヨセフスの助手の介入があることや、ここでの記述の一部はツキディデスの『歴史』二・七七に見られるペロポネッソス勢がプラタイア市を火攻めにした記述を参考にしていると想像し、またここでのヨセフスの念頭にはポンペイやヘラクラネウムを埋没させた七九年のヴェスビオス山の噴火があったはずだと想像していることを指摘しておきます。

イタリアの南西部、ナポリ近くのヴェスビオス山の噴火とそれがもたらした災禍は、

(一) 小プリニウスが「タキトゥス宛の書簡」で言及し、ヨセフスが本書二〇・一四四でも言及しているものであり、
(二) ローマのフラウィウス一族の文学サロンでときに話題にされたことは間違いなく、
(三) 本書の読者や聴衆たちがすでに共有する情報である、

ことなどからして、またギリシア神話には火山の噴火の話がよく出てくるところからして、ヨセフスの念頭には一般論としては火山の爆発が、特殊論としてはヴェスビオス山の噴火があったのは間違いないところです。

民数記によれば、このときイスラエルの子らは、モーセとアロンに向かって「あなたたちは、主の民を殺してしまった」（一六・四一）と言って騒ぎ立てます。そこで主は幕屋の近くに集まった反モーセの不満分子の間に疫病を蔓延させ、一万四〇〇〇の不満分子を一掃いたします（一六・四一—五〇）。

しかし、ヨセフスはここで、

「このような出来事にもかかわらず、一向に反乱の止む気配はなかった。それどころか、反乱はますます大規模になり、事態は悪化するばかりであった。そして結局、それは止むことのない慢性的なものになりそうな気配さえ感じられた。ある人たちは、すべてが神の摂理であることは究極的に認めながらも、それまでの一連の出来事がモーセース（モーセ）への神の（偏）愛なくしては起こらなかった、と思わざるをえなかった。……」（四・五九—六〇）

と述べて、話を先に進めようといたします。彼は一万四〇〇〇の不平分子が疫病で滅んだことには触れません。

なぜなのでしょうか？

すでに述べたように、ヨセフスは歴史の中への自らの登場に「神の摂理」の働きを認めておりますが、イスラエルの民が苦難の道を歩いているときにそこに「神の摂理」の働きを認めることははなはだ困難なことです。そのためここで彼は「すべてが神の摂理であることは究極的に認めながらも……」と持って回った言い方をしているのではないでしょうか？　歴史の中でのイスラエル人が「神の摂理」を悟るに時間がかかったとするヨセフスの分析は、本書の三・三二、四・二、四・一〇でも認められるものです。

さて民数記の第一七章によれば、主はイスラエルの子らの不平不満を取り除くために、一二部族の指導者たちに自分の名前を刻んだ杖をもってこさせます。アロンはレビ族ですから、彼の名前はレビの杖に刻まれます。一二本の杖は「証しの幕屋」の中に置かれますが、次の日に幕屋の中に入ってみると、アロンの名前が刻まれた杖だけが「芽をふき、蕾を付け、花を咲かせ、木の実を結んでいた」（一七・八）そうです（図45）。ヨセフスもこの奇跡を語りますが、そのための導入の言葉は次のようなものです。

「モーセース（モーセ）は以前から、反乱が企てられているという知らせを受けていた。彼は、ここで新たな革命が発生すれば取り返しのつかない重大な結果になると懸念し、人びとを集会にあつめた。彼は（その集会では）人びとが言うことを（黙って）聞いていただけで何ひとつ弁解はしなかった。人びとが激発する恐れがあったからである。そして、彼はただ各部族長には、部族名を彫りつけた杖をもってくるように言い、神が印をつけた杖の部族長に（大）祭司職をおくろう、と付け加えた。」（四・六三―六四）

図 45●「芽をふき花が咲くアロンの杖」

民数記の第一七章によれば、この「杖の不思議」の出来事はあくまでも主の主導によってなされたものですが、ヨセフスはそれをモーセ主導に改めます。ここまでで見てきたモーセの公平な精神を強調するのであれば、そのような改変が必要です。ヨセフスはまた、この奇跡物語の細部のいくつかも変えております。そして彼は「杖の不思議」の結果を述べた後で、次のように言うのです。

「そして、（今まで）モーセース（モーセ）やアアローン（アロン）に敵意をもっていた者たちも、この不思議な光景に驚倒して敵意をまったく捨て、改めて自分たちにたいする神の裁断に心服しはじめた。それ以後、彼らは神の定められたものをほめ讃え、アアローンの名誉ある大祭司職を承認した。こうしてアアローンは、三たび神によって、（大祭司の）指名を受けたのである。その地位は（文字どおり）確固不動のものとなり、かくも長い間蔓延《まんえん》してやまなかった反乱も（ようやく）終わりを告げた。」（四・六六）

モーセの定めたもろもろの規定

民数記の第一八章は、祭司とレビびとの仕事に関する規定や、祭司とレビびとの分け前、レビびとが受ける十分の一税の規定について順次語ります。

ヨセフスは次に、民数記の第一八章には向かわず、同書三五・一以下で語られているレビびとに与えられる四八の町について語り、また祭司の収入に言及するにあたってはヨシュア記二一・四―一九にもとづき、レビびとに与えられた四八の町のうち一三が祭司たちに譲渡されることになったことや、民数記六・一―二一で語られているナジルびとの誓いについて要約的な説明をします。

民数記の第一九章は、浄めの水や、死体に触れた者の取り扱いを、また同書の第二〇章は、カデシュでのミリアムの死や人びとがモーセに向かって悪態をついたことなどを語ります。

ヨセフスは次に見るようにミリアムの死については触れますが、それ以外の民数記の情報には触れません。彼が人びとが口にしたモーセへの悪態に触れなかったのは、モーセとその一行の間ではまだトラブルが継続中であるとの印象を回避したかったからだと思われますが、そのためシナイの荒れ野を彷徨中の大きな出来事とされるモーセが岩を杖で撃って大量の水を湧出させた話は前出箇所（二五九頁）で言及されてはいるものの、語られずじまいとなります。

民数記二〇・一四―二一は、モーセがエドムの王と交渉してその領内通過を試みようとして失敗した話を語ります。ヨセフスもそれを語りますが、そのさい彼はエドムの表記をヘレニズム・ローマ時代の表記であるイドゥマイアに改めます。イドゥマイアは確か、あの悪名高きヘロデの出身地です。

モーセの姉ミリアムと兄アロンの死

民数記二〇・一によれば、モーセの一行がカデシュに滞在しているときに、彼の姉が亡くなります（図46）。民数記はただ「ミリアムはそこ（＝カデシュ）で死に、そこに葬られた」としか書いておりませんが、ヨセフスは、「ちょうどその頃、モーセース（モーセ）の姉マリアムメー（ミリアム）が死んだ。それはちょうど彼女がクサンティコスの月の、太陰暦の新月の日にエジプトを後にしてから満四〇年目であった。人びとは彼女をセイン（ツィン）と呼ばれる山の上に、共同体（の費用）で盛大に葬った。そして民は（彼女のために）三〇日間の喪に服した。そしてそれが終わるとモーセースは彼らを次の方法で浄めた」（四・七八）と述べ、次に、民数記の第一九章で語られている「赤毛の無傷の若い雌牛」の灰による浄化を語るのです。

ヨセフスはモーセの姉の死をひとつの大きな出来事としております。そのことは彼女の死の時期をマケドニア暦を引き合いに出して特定していることからも分かります。彼は本書一・八一でモーセによる暦の変更に言及して、「モーセース（モーセ）は、ニサンの月（三─四月）、すなわちマケドニア人がクサンティコスと呼んでいる月を……一年の最初の月と定めた。それは彼がこの月にヘブル人をエジプトから導き出したからである」と述べております。彼は明らかにミリアムをモーセの姉であるがゆえに特別扱いしております。

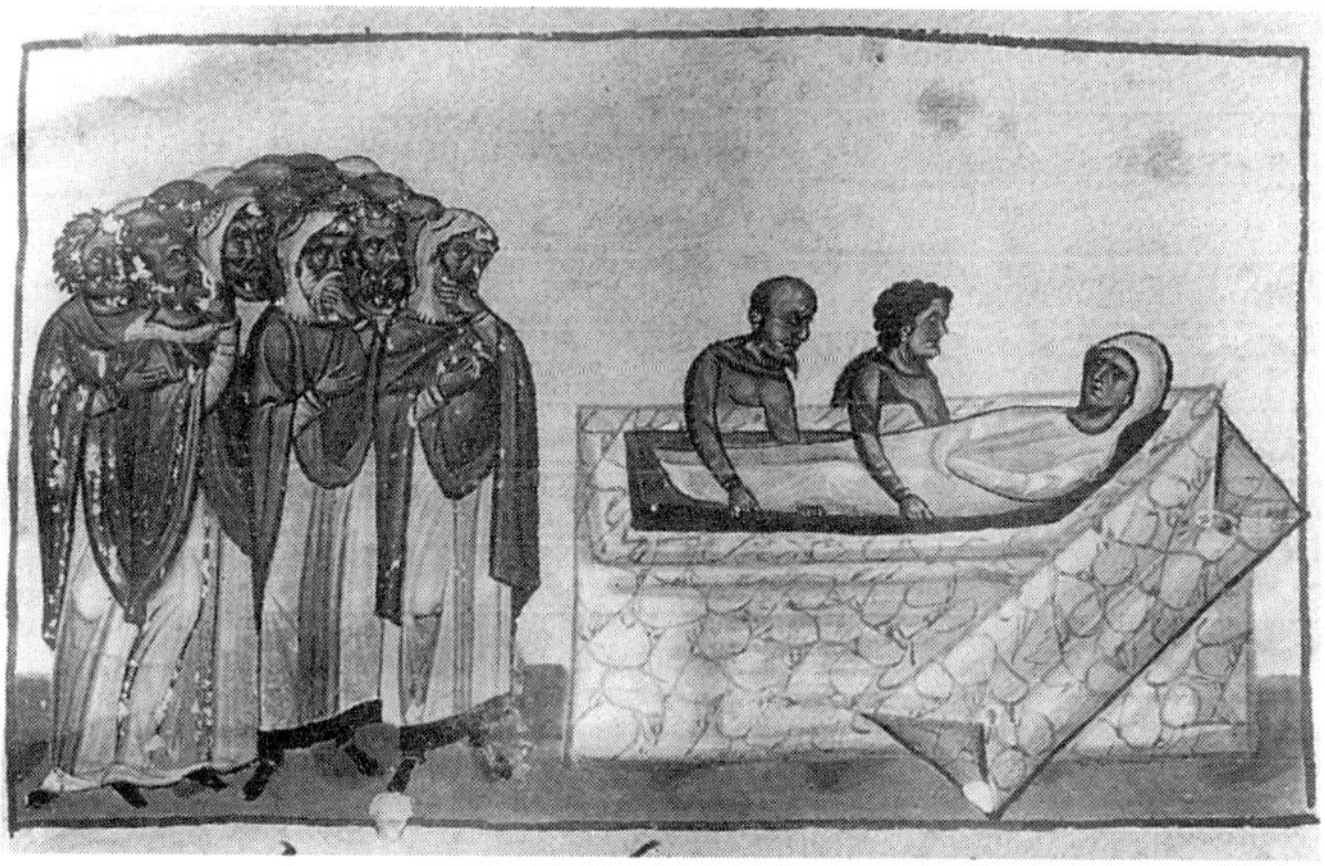

図 46●「ミリアムの埋葬」

民数記二〇・一は、モーセの一行が一時的に滞在した荒れ野の場所をカデシュと呼び、それは「ツィンの荒れ野」の中にあるとしております。ヨセフスはツィンの荒れ野を「セイン（ツィン）の山」に変え、モーセの姉をその山の上で死んだことにしておりますが、次に見るようにアロンも山の上でその最後を迎えて、モーセもまた山の上で亡くなっていることを勘案しますと、ミリアムの最後を山の上にしたのは、そのような伝承があったからではなくて、ヨセフスがミリアムをモーセの姉として敬意を払うために山を持ち出したとするのが妥当です。これもまた特別扱いのための想像の産物です。民数記二〇・二二―二九によれば、モーセの一行はカデシュから移動してエドムの領地の境にあるホル山に入りますが、その山で今度はアロンが亡くなり、その子のエレアザルがその後を継ぎます。モーセとエレアザルが下山して民にアロンの死を告げると、彼らはアロンのために三〇日の喪に服します（図47）。

ヨセフスは次のように語ります。

「アアローン（アロン）はその地を囲む高い山（のひとつ）に登って行った。モーセース（モーセ）がすでに彼に死が近いことを告げていたのである。彼は全軍が見守る中で――そこはけわしい所であった――大祭司の祭服を脱ぎ、大祭司になれる年頃の息子のエレアザロス（エレアザル）にそれを引き渡した。そして彼は多くの人びとに見守られながら死んだ。こうしてアアローンも姉が死

図 47●「アロンの埋葬」

んだ年に、一二三年の生涯を終えて亡くなった。それはヘブルびとがアッバ、マケドニア人がローオス、アテーナイ人がヘカトムバイオーンと呼ぶ月の、太陰暦の新月の日であった。民は三〇日間アアローンの喪に服した」（四・八四―八五）。

ヨセフスはここでヘブル暦と、マケドニア暦、そしてアテナイ暦の三つの暦を並べております。ミリアムの死ではマケドニア暦だけが引き合いに出されましたが、ここでは三つの暦が引き合いに出されております。ミリアムの死も重要であるが、アロンの死はもっと大きな出来事であったことをヨセフスは読者に印象付けようとしております。

アモリ人の王シホンとの戦い

民数記二一・一―三は、ネゲブに住むアラドの王と戦ってモーセが勝利した話を語り、またそれにつづく同書二一・四―二〇は、モーセが青銅製の蛇をつくりそれを旗竿に吊した話を語っておりますが、ヨセフスはこの二つの話を省略し、民数記二一・一〇―二〇にもとづいて、ホル山からモアブの平原までの旅を語ります。彼はそのさい、民数記が言及するアルノン川についての知見を、そして民数記が言及しないアスファルティティス湖（死海）についての知見をも加えます。ヨセフスはすでに本書一・一七一以下で、ソドムの町と死海について触れ、死海については読者に「先へ進んでから語ることにしよう」と約束しておりますから、ここがその約束をはたす箇所かと思われるかもしれませんが、ここでの言及は短いものなので、その約束がはたされているとは思われません。ヨセフスは本書九・七、二〇六、一五・一六八でも死海には言及しておりますが、本格的なものではありません。もっとも彼は、『戦記』四・四七六―八二で死海の自然についてかなり詳細に語っておりますが、この死海についてはストラボーンの『地誌』一六・二・四二や、タキトゥス『同時代史』五・六などで紹介されておりますので、またローマに帰還した兵士たちの少なからぬ者たちはこの死海を見て家族の者たちなどに語っているはずですから、ヨセフスは後になってそのことに気づき、ここやその他の箇所で詳しくは触れなかったのかもしれません。なお、余計なことを申し上げておきますが、「死海」の名称をギリシア語で表記すればタラッサ・ネクラ（死の海）ですが、それは後二世紀のギリシアの旅行家で地誌学者でもあったパウサニアス（一一五年ころ―一八〇年ころ）の著作『ギリシア旅行記』に由来するとされます。

民数記二一・二一以下は、領内通過を拒否したアモリ人の王シホンとバシャンの王オグと戦ってモーセが大勝利を収め、一行がシホンの配下の町々や村々に住むことになったと報告いたします。

ヨセフスはこの戦いでの大殺戮の場面を次のように想像して語ります。

「……結局、彼らは無秩序のまま町の方へ向かったが、それを追うヘブルびとは追撃の手を少しも弛めず、我慢を重ねて耐えてきた自分たちの労苦の最後を今しばらくの辛抱で飾ろうと、（今度は）非常にすぐれた投石者、長距離の飛び道具の優秀な使い手になった。そのうえ、彼らの装備が軽かったため追跡は迅速で、敵の後尾にぴったりとついて少しも離れず、捕縛できない距離にある者も石や矢を受けない者はなかった。

こうして大殺戮が展開された。負傷して苦しめられたのは（もちろん）逃走者の方であった。しかも彼らは敵の武器よりも喉の渇きに苦しめられた。そのときはまさに（酷）暑の真っ盛りだったからである。そして、喉の渇きのために、逃走中は一応まとまっていた多数の者も、（最後には算を乱して）川に飛び込んだ。しかし、追跡する者たちは彼らを包囲し、槍を投げつけたり矢を射込んで、彼ら全員を殺してしまった。彼らの王シコーン（シホン）も戦死した。

ヘブルびとは、戦死者の死体を調べ、（武器やその他の）戦利品を奪い、また収穫されて山積みにされていた土地の産物を多数手に入れた。さらに彼らは、妨害の懸念などまったくもたずに、略奪のために各地に赴き、町々をも占領した。戦闘員のすべてが死んだので何の妨害も受けなかったのである。

これが交渉では判断を誤り、（軍事）行動では勇気を欠いたアモライオイ（アモリ人）を襲った破局である。そのおかげでヘブルびとは彼らの（土地）を（雑作なく）取得できたのである。」（四・九

一―九四）

ヨセフスはこれにつづけて、民数記二一・三三―三五と申命記三・一―一一の記事にもとづいて、バシャンの王オグとの戦いを細部を改変しながら語るのですが、それはここでは省略します。ただここで指摘しておきたいのは、アモリ人追尾の光景（四・八九―九〇）が、ヨセフスが『戦記』二・五四〇以下で語る、六六年にエルサレムにやって来たシリア知事ケスティオス・ガロスが、城内に突入することなく全軍を撤退させ、そのため城内に籠もっていたユダヤ人が追尾し勝利して帰還したときの光景に似通っていることです。この勝利のためユダヤ人は勢いづきローマ軍を相手に本格的に戦いを進めることになったのですから、ヨセフスにとってそれは、たとえその光景を実際に目にしていなかったとしても、脳裏から消すことができないものであったはずです。

バラクとバラムの物語

ヨセフスはバシャンの王オグとの戦いについて語った後、モアブ人の王バラクがヘブルびとを呪うためにメソポタミアにいるバラムのもとに使者を遣わしたが使者が追い返された話や、バラクがそれにこりず今一度使者をバラムのもとへ送った話、バラムの乗っていた驢馬の話、バラムがイスラエル

図 48●「バラムのもとへ遣わされる使節」

の偉大な未来を託宣した話などを、民数記の第二二章や第二三章にもとづいて再話いたしますが（図48）、これらの再話でわたしたちが注意しなければならない箇所がひとつあります。それはヨセフスが、バラムがイスラエルの未来を「アトロポスの啓示を見て」（四・一一三）託宣したとして、その託宣の内容を詳しく語っていることです。

「アトロポス」とは何でしょうか？

この言葉がテクストの上で間違いなく「使用されている」とは言い切れず、ここでの議論を困難にするのですが、このアトロポスはヘーシオドス『テオゴニア』九〇五ほかや、プラトン『法律』九六〇Cで言及されるギリシア神話の「運命の女神たち」（モイライ）の一神です。その彼女がここで引き合いに出されているようなのです。なぜ彼女が引き出されたのか、その理由がよく分かりません。ヨセフスはしばしば運命を意味するテュケーとか、ヘイマルメネーという言葉を使用いたしますが、このアトロポスはここでしか使用されておらず、それだけに注目されるのです。

さて、民数記の第二三章と第二四章によれば、バラムはバラクに祭壇を建てさせると、託宣集をふりかざして四つの託宣を行います。ここでのバラムはモーセ物語には必ずしも関わるものでないので、そのためわたしたちの本来の目的からすれば無視して構わないものとなるのですが、ヨセフスの創作した託宣は一読に値します。

以下はバラムの第一の託宣です、いやヨセフスの託宣です。

「神によって数え切れぬほど多くの恵みをもつことを許され、さらに永遠の同盟者、導き手として（神ご自身の）心遣いを賜っているこの民は幸いである。

もっとも高貴なものと、罪と汚れのないもっとも清浄なものを追求する徳と情熱において、おまえたちを凌駕できる民族はいない。そしてまた、そのようなすぐれたものを自分たちの遺産として子孫に残しうる民族もいない。そのために神は、おまえたちだけに気を配り、おまえたちがこの日輪の下のすべての民族の中でもっとも幸福な民族となるために、必要なものを惜しみなく与えられる。

神がおまえたちを遣わす土地は、間違いなくおまえたちが占領するだろう。そして、それを今後永久におまえたちの子孫が支配し、彼らの名声はすべての地と海を満たすであろう。それどころか、おまえたちは、自分たちの同胞を世界のあらゆる土地の住民として供してもありあまるほどのものとなるだろう。

祝福された軍隊（の者たち）よ。おまえたちはたったひとりの父から出てこれほど多くの者になったことに驚いているのか。いや、今のおまえたちの数は（まだまだ）少ない。カナナイア（カナン）の土地は十分におまえたちを受け入れるだろう。

しかし世界はおまえたちの永遠の住み処としておまえたちの前にある。おまえたちの（子孫の）多くは、島や大陸に住み処を見いだし、その数は天の星よりも多くなるだろう。しかも、それほど巨大な数になっても、神はなお、平時にはあらゆる種類の恵みを潤沢に与え、戦時には勝利と征服をもたらしてくださるだろう。

おまえたちは、敵の子供たちが、おまえたちと戦う情熱にとりつかれるように仕向け、武器を執っておまえたちのもとに飛び込む向こう見ずな者にさせなさい。なぜなら、（彼らの中には）勝利者となって凱旋して妻子を有頂天にさせるような者はひとりもいないからである。まことに、おまえたちはありあまるほどの勇気を、過剰なものを減じて足りないものを与える神の心遣いによって、与えられている。」（四・一一四―一一七）

ここでは何が語られているのでしょうか？

冒頭が強烈です。

「神によって数え切れぬほど多くの恵みをもつことを許され、さらに永遠の同盟者、導き手として（神ご自身の）心遣いを賜っているこの民は幸いである」とあります。

イスラエルの子らはここまでで神の恩恵を次から次に受けることがあったのでしょうか？　神の恩恵が垂れ流しされていたのであれば、彼らは出エジプトなどしないですんだはずです。この一文はローマやその他の「オイクーメーネー」（人の住む世界）に住んでいる同胞や、対ローマの戦争の敗北の結果パレスチナから追われた者たちに向かってのヨセフス自身のメッセージなのです。彼は彼らに向かって、さまざまな苦難はこれまであったが、そして現在もあるが、それにもかかわらず自分たちには恵みとも言うべきものが今日まで与えられてきたではないか、神はわれわれの永遠の同盟者であるから、今回は（ローマとの戦いで）敗北したが、これからの将来、過去においてそうであったように、神は再びわれわれの味方になってくれる、というわけです。

これにつづく第二段落の一文は、ユダヤ民族が「もっとも高貴なものと、罪と汚れのないもっとも清浄なものを追求する徳と情熱において、おまえたちを凌駕できる民族はいない」と、ユダヤ民族を最大限に、気恥ずかしくなるほどに持ち上げます。過日の対ローマの戦争に敗北し、パレスチナを追われ、多くの異教徒たちに取り囲まれて暮らし、彼らの意地悪い好奇心に満ちた目でその日常生活を監視され息の詰まるような生活をしているユダヤ人たちがこの一文を読んだらどうなるでしょうか？大きく倒れかかった民族を立ち直らせるのに必要なのは、たとえ口から出まかせの嘘でもいいですから、「おまえたちの民族は一番だ」と鼓舞激励してくれる言葉なのです。

以下の段落では、イスラエルの子らはその散らされていく先々の土地を占領し、繁栄することが託宣されております。ここではもちろん、これから先で侵略していくカナンの土地が第一にイメージされているのでしょうが、「今は無理かもしれないが、おまえたちの子孫はおまえたちが今住んでいるディアスポラの土地をも支配し、そればかりか全世界に進出する」というのです。「最終的には全世界がイスラエルの子らの住み処となる」というのです。ここにはヨセフスのコスモポリタニズムが明白に現れておりますが、もちろんそれはギリシア人やアレクサンドロスのコスモポリタニズムとは異なるものです。ヨセフスの希望や期待の根拠は、すでに地中海世界のほとんどすべての場所にユダヤ人が進出していると申し立てた、前出の地誌学者ストラボーンの観察か、フィロンの『ガイウスへの使節』（拙訳、京都大学学術出版会）の第三六章にもとづくふしがあります。

ヨセフスがここでユダヤ戦争中の光景を念頭にこの一文を書き記していることは、ここでの言葉遣い「平時には……戦時には……」「戦う情熱」「勝利者」「凱旋」など、『ユダヤ戦記』に横溢する言葉の使用から明らかです。

ヨセフスはバラムの託宣にローマに住む同胞たちへのメッセージを込めております。そのことはバラムがイスラエルを呪おうとしないために、出身の地へ追い返されそうになったときに発したとされる言葉を読めば明らかになります。

「バラコス（バラク）王、並びにここにおいでのマディアニタイ（ミディアンびと）の方がたに（申し上げます）。……このヘブル民族を圧倒して殲滅させることは（あなた方の力ではとても）できません。それは戦争でも、悪疫や地上の産物の飢饉でも、あるいは他の予期しない原因でも（絶対に）不可能です。神がこの民族をあらゆる災禍から守り、彼ら全員が絶滅するような不幸をなめないように、つねに心配りをしておられるからです。しかし、小さくて短い不幸で、それによって彼らの力が衰微したと思われる程度のものでしたら、それが彼らに見舞わないこともありません。もっともその後は再び、そうした損害を彼らに与えた人びとが恐怖するほど立ち直り、繁栄するでしょう。……。」(四・一二七―一二八)

この一文の中のイスラエルの子ら――すなわちユダヤ人たち――は、戦争その他で滅ぼすことができない存在だとされております。ここでの戦争は過日の対ローマの戦争(六六―七〇)です。「彼ら全員が絶滅するような不幸をなめないように、つねに心配りをしておられるのです」は、滅ぼされることなくその戦争を生き残り、パレスチナの外に出て行った者たちを指すのです。ここでの「小さくて短い不幸」は、紀元後七〇年秋の都エルサレムの崩壊と神殿炎上です。「え、あれが小さな不幸なの？」とさっそく反論の声が上がりそうですが、ヨセフスの議論からすればそうなのです。わたしはすでに『異教徒ローマ人に語る聖書』の中で、ヨセフスには、歴史は六〇〇年ごとに大きく変わる運命の大輪の上に置かれる、と理解する「大年」の概念があり、エルサレムの崩壊も神殿の炎上もその運命の車輪の上に置かれていた「出来事」ならば、それは一見大きな出来事に見えても「時の大輪」を背景にすれば「小さな出来事」になりうるのであり、ここにその理解が出ているのです。

ヨセフスの語るバラクとバラムの物語では、バラムはバラクにたいし、彼の所にいる処女を捧げても構わないという器量のよい女たちを着飾らせてイスラエルの子らの中に送り込み、彼らを籠絡させるように提案させます(四・一二九)。この色仕かけの籠絡《ろうらく》作戦は民数記では語られておらず、わたしたちを当惑させます。しかし民数記三一・一五―一六に、モーセの言葉として「なぜおまえたちは、女たちをみな生かしておいたのだ？　なぜなら彼女たちこそ、ペオルのために(彼らに)謀反を起こさせ、主の言葉を蔑ろにさせるために、バラムの言葉にしたがってイスラエルの子らに(その反逆の機会をつくった者たち)だからだ。……」とありますので、ヨセフスはこのあたりからバラムの言葉を創作したと想像したいのですが、そのさい直接手本にしたのは、ヘロドトス『歴史』四・一一四―一一五に見られる話、すなわち、アマゾンと、彼女たちを手なづけて同衾し、ついには結婚するに至ったスキタイ人についての話ではないでしょうか？　いずれにしても、人間はだれしも色仕かけの話は好きなものですから、物語の展開で中だるみが出そうなときには、色仕かけの話か下ネタの話を挿入するにかぎります。ヨセフスは下ネタの話をローマの文学サロンでいやとなるほど耳にしたはずです、ワインでも飲みながら。

ヨセフスは書きつづけます。

「バラモス(バラム)の忠告にしたがい、マディアニタイ(ミディアンびと)が娘たちを送り出した。ヘブルびとの若者たちは(たちまち)彼女たちの器量に屈し、言葉を交わしはじめるとその美しい姿態をわがものにしようと言い寄った。娘たちは彼らの言葉に喜んで応じ、彼らと同衾した。そして互いの愛情によって情熱が昂揚して絶頂に達したとき、(突然)娘たちは彼らと別れ、帰り支度をはじめた。

若者たちは女たちが出発しようとすると大きな悲しみに襲われ、自分たちを捨てないでくれと彼女たちに迫り、自分たちのもとに留まって花嫁になり、自分たちの全財産の女主人になってくれ、と頭を下げた。彼らはその約束を、神を審判者として誓約し、あとは涙と手練手管《てれんてくだ》で女たちの同情をひこうとこれつとめたのである。……」(四・一三二―一三三)

ここでの「愛情」はエロース、「情熱」はエピテュミア、そして「絶頂」はアクメです。現代であれば、これらの言葉はいずれもセックス記事満載の週刊誌などに踊るものですが、ヨセフスがこれらの言葉を何のてらいもなく使用できるようになったのは、その生涯において結婚相手を四度も取り変えて女の体の隅々までを知っていたからかもしれませんが、やはりローマ生活二〇年以上のキャリアからくる耳学問もあったと思われます。ローマの詩人オウィディウス(前四三―後一七)の著した『愛の技法(アルス・アマトリア)』(岩波版では『恋愛指南』)が長い間宮廷人の間の愛読書のひとつとなり、後にヨセフスの愛読書のひとつとなり、そこで甘美にして濃艶な「アクメ」などという言葉を覚えたりして……と、ここは楽しく想像しておきたいものです。

ヨセフスによれば、「娘たちは、若者たちが自分たちの奴隷となりその言いなりになると判断すると）（四・一三三）、若者たちに向かって「大人になった身体を取引の材料にするわけではない」と断った上で結婚の条件を告げ、彼らに同意させた上で、さらに次のように再話するのです。

「分かりました。あなた方はそのような条件に同意されました。でも、あなた方の慣習や生活様式は、特殊な食べ物から風変わりな飲み物にいたるまで、およそ世間の人びととは異なるものばかりです。ですから、もしあなた方がわたしたちと生活をともにしたいのでしたら、わたしたちの神々を礼拝しなければならないと思います。

わたしたちと一緒に同じ神々に跪拝してくださること以外に、あなた方の言われる今のわたしたちへの愛と、その愛の継続を保証するものはありません。また、あなた方は、これから赴く土地の神々に敬意を払ったからといって、それを非難できる人はいないはずです。とりわけ、わたしたちの（神々）は、あなた方の（神）が他に崇拝者をもたないのとは違い、すべての人びとに共通（の神々）なのです。ですから、あなた方は、すべての人びとと共通の信仰に加わるか、あなた方の特別な律法にしたがって自分たちだけで暮らせる他の世界をもとめるか、そのどちらかを選ばねばならないのです。」（四・一三七―一三八）

ヨセフスによれば（四・一三九―一四〇）、若者たちは多神教の広い世界で生きるか、それとも一神教の狭い世界で生きるのか、二者択一を迫られます。イスラエルの子らの中の「愛の虜になった」若者たちは前者を選び、律法に反することをやってのけるようになり、モーセの率いる軍団の規律は崩れ、「彼ら固有の生活慣習の完全な崩壊という危険」（一四・一四〇）すら孕《はら》むようになったそうですが、ここではまた、ユダヤ戦争後にディアスポラの世界に投げ出された若者たちへのヨセフスのメッセージを読むことが可能です。

ピネハスと神の依怙贔屓

ヨセフスによれば（四・一四一―一五五）、ピネハスは異教徒たちの弊風に染まり、外国人女性と結婚したシメオン部族の長老ジムリを集会で暗に非難すると、ジムリは抗弁しますが、それに怒った彼はジムリと彼の妻コズビを殺します（図49）。するとピネハスの行動をまねた若者たちがジムリと同罪と見なした者たちを殺してまわったというのです。民数記二五・九によれば、そのとき殺された者の数は二万四〇〇〇ですが、ヨセフスは一万四〇〇〇としております。ヨセフスの使用したギリシア語民数記の数に問題があったのかもしれませんが、ヨセフスがその数を低めにした可能性もあります。

民数記二六・一〇以下によれば、ピネハスは「主の熱心さをならった」ために、彼と彼につづく彼の子孫たちにとって、永遠の祭司職が与えられることになります。わたしたちの理解を超絶する神の依怙贔屓《えこひいき》の大盤振る舞いです。祭司職の大盤振る舞いです。しかしヨセフスはこれには触れません。

図 49●「ピネハス、ジムリを殺害する」

彼はここまででモーセの兄が大祭司に選出されたことにたいする民の不満の解消について述べているわけですから、ここでの神の依怙贔屓なるものを取り上げることなどできなかったのでしょう。都合の悪いことには触れない。これは物語の再話の技法のひとつです。

ヨセフスはこのバラクとバラムの物語につづけて、モーセがヘブルびとを呪うためにやってきた占い師バラムを許し、彼の予言を記録に残したことに触れ（四・一五六―五八）、それを「もちろん、（バラモスの予言）物語について、読者諸兄がどのようにお考えになられようと自由である」（四・一五八）で結ぶのです。判断を読者に委ねる定式はすでにここまで何度も使用されております。

民数記の第三一章は、イスラエルの子らによるミディアン人への復讐を語ります。イスラエルの子らは敵兵を大量に屠り、大勝利を収めますが、モーセは「処女たち以外は皆殺しせよ」と恐ろしい殺戮命令を出します。

民数記三一・三二―四二は略奪物の分配の記事ですが、そこには、たとえば、羊の群れの中から六七万五〇〇〇頭、牛が七万二〇〇〇頭、驢馬が六万一〇〇〇頭を略奪したとありますが、ここにはだれの目にも明らかな誇張があります。ソロモンの神殿の落成式で捧げられた牛などはほんの数頭であったと書かれておれば、それなりにそんなものかと信用できるのですが、そうではありません。どうしてこのようなとんでもない数をあげるのでしょうか？　民数記の記者あるいはそれをまとめた者はいったいだれと張り合おうとするのでしょうか？　エジプトのファラオなのでしょうか？

ヨセフスも民数記のあげる数を無邪気に使用して物語を再話するのですが、もちろん彼は「これらの数について、読者諸兄がどのようにお考えになられようと自由である」とは言いません。本当にこんな馬鹿な数を信じていたのですね。

第9章 モーセの最期

モーセは自分の死期が近づいていることを感じ取ります。

一〇〇万以上の同胞を率いてエジプトからの脱国を試みたのが、後期高齢者であった八〇歳のときです。それからの四〇年間を過酷な自然である荒れ野の中を彷徨しつづけたのですから、たとえ建国神話の中の出来事とは言え、異教徒の読者も、モーセがいつ死んでもおかしくない状況に置かれているると想像しなければなりません。モーセの姉のミリアムは死にました。三歳年上のアロンも死にました。姉の死と兄の死は長幼の序列にしたがっております。次はモーセなのです。彼は単純計算をしてもすでに、八〇（歳）＋四〇（年）＝一二〇（歳）なのです。

モーセはシナイ山にヨシュアと一緒に登りましたが、どうもその頃から彼はヨシュアを自分の後継者と考えていたようです。

本書の最終章は、このヨシュアからはじまります。

ヨシュア、モーセの後継者になる

シナイの荒れ野を彷徨していたモーセの一行は、四〇年目には、もはや流離《さすら》う所がなかったためでしょうか、ヨルダン川の西近くまで来ております。

民数記二七・一二―一三によれば、主はモーセに、彼がツィンの荒れ野で主に逆らったためにカナンの地には入れないと告げます。民数記の読者は「主はそんなに冷たい方だったのか」と嘆息するか、「ここにもまた主の報復思想が認められる」と暗澹《あんたん》たる気持ちになるはずです。

モーセは主の言葉に「えっ、何だって」とは反抗いたしません。「ちくしょう」とか「くそ」などと、汚い言葉を投げたりはいたしません。彼は反抗すればさらにひどい仕打ちが待っていることを本能的に知っているからです。彼は主の言葉に愚直に同意いたします。

民数記二七・一八―二〇によれば、主はモーセに向かって、「霊を宿しているヌンの子ヨシュアを選び、おまえの手を彼の上に置くのだ。（そして）彼を祭司エルアザルの前に立たせ、全会衆の前で彼にイスラエルの子らが彼に聞きしたがうように、おまえの栄光を彼に与える。……」と命じます。

ここに後になってのキリスト教の儀式のひとつとなる按手礼の原型を見ることができますが、ここで重要なのは、この按手礼もどきを介しての「栄光」の移譲です。「モーセからヨシュアへ」です。

ヨセフスもモーセがヨシュアを彼の後継者に立てたことを語りますが、そのさい彼は、ヨシュアがそれまですでにモーセの薫陶を受け、「律法と神に関わる完全な教育を身につけていた」(四・一六五）ことを強調いたします。ヨセフスがここで使う「教育」はパイデイアです。ギリシア人がこの言葉を耳にすれば、ギュムナシウムに通ってホメーロスを読み、その合間にオリーブ油を体に塗りたくってレスリングのひとつでもする教育のことを思い浮かべるでしょうが、ここでのパイデイアはホメーロスではなくて、「律法と神に関する事柄」です。ヨシュアはそのパイデイアを身につけたため、後継者になる資格を得たというのです。民数記のヨシュアが「霊を宿している」ことは強調されません。

それにしてヨシュアはどこで、モーセから律法を学んだのでしょうか？

どこで彼の「神理解」を共有するにようになったのでしょうか？

ヨシュアは何歳のときモーセの後継者になったのでしょうか？

彼は出エジプトのときからモーセと一緒だったのでしょうか？

それとも荒れ野の中で誕生した若者だったのでしょうか？

分からないことだらけです。

民数記三三・五〇以下によれば、モーセは最後の宿営地となるアベル・シッテムに到着しますと、これから侵略するカナンの土地の先住民を「容赦なくぶっ殺せ」と命じます。とても一二〇歳の老人が口にできる檄ではありません。モーセはそればかりか、略取した土地の分配などをも語ります。確か、「十の言葉」を刻んだ石板には、「汝殺すなかれ」とか、「おまえの隣人のものをむやみに欲しがってならぬ」と書かれてありましたが、あれはどうなったのでしょうか？「十の言葉」の戒めは、所詮、都合のいい状況倫理のようです。

モーセの告別の挨拶

申命記四・一以下によれば、モーセはベト・ペオルの前の谷に滞在しているとき、民に告別の挨拶をいたします（図50）。

ヨセフスはアベル・シッテムの宿営地でモーセに告別の挨拶をさせます。これはヨセフスの完全な創作です。彼がモーセの口に告別の挨拶を挿入するのは、そうするのが適切だと判断したからですが──これはツキディデス的な判断でもあります──、正典文書や外典文書の中にその先例が掃いて捨てるほどあり、それを承知していたからです。ここで彼の創作を紹介いたします。物語の再話者としての力量を見せつけてくれるものなので、いくつかの部分に分けながら必要なコメントを付します。

図 50●「モーセ、イスラエルの子らに告別の挨拶をする」

「戦友たちよ。そして、この長い苦難のときをともにしてきた同志たちよ。わたしはすでに一二〇年の歳月を生きてきたが、神の意志と老齢のために、今やこの世を去らねばならぬ。わたしは、ヨルダノス（ヨルダン）川を渡ってからの行動においては、もはやおまえたちの助言者でも、ともに戦う友でもない。それは神が禁じておられる。

しかし、わたしは今なお、おまえたちの幸福のために自分の熱意を捨ててはいない。おまえたちが、末長く繁栄して、さらに大きな幸福を獲得したとき、わたしが自分の記憶を（後世に残したい）と考えても、咎められないだろうと思う。そこでわたしは、おまえたちがどうしたら幸福になるか、どうすれば永遠の幸福をその子孫らに伝えていけるか、おまえたちにその方法や手段を教えてからこの世を去りたいと思う。

もちろんわたしは、おまえたちから信頼されて当然である。それは、わたしが今までおまえたちのために尽くした誠実な努力を見てくれれば分かってもらえるだろうし、また、生命の終焉《しゅうえん》にある魂はもっとも純粋に語るからである。」（四・一七七―七九）

ヨセフスは、開口一番、「戦友たちよ、……同志たちよ」と呼びかけます。相手は確か、モーセにたいして幾度となく不平・不満を並び立てた者たちです。反乱を企てたコラのような人物に加担した者たちも大勢いたはずですが、それにはまったく触れません。人間はだれしも最後のときには大きく成長するようですが、モーセもその例外ではなかったようです。

「イスラエール（イスラエル）の子らよ。全人類にとつて繁栄の唯一の源は恵み深き神である。神だけが幸福に値する人びとに幸福を与え、自分に罪を犯す者からその幸福を奪う力をもっている。もしおまえたちが神の望むものを態度で示し、神の心を明瞭に知っているわたしの勧めにしたがえば、おまえたちは（つねに）祝福され、万人の羨望の的になろう。いや、おまえたちが今すでに手にしている幸福は（もっと）確かなものとなり、失われることはない。また、おまえたちに今欠けているものも、やがては手に入るだろう。

おまえたちはただ、神の望むこれらの戒めを守り、今の律法に新たなものを加えてはならない。また、神にたいするすべて（の敵）を今の敬虔な信仰を捨てて他の悪習に親しんではならない。そして、おまえたちがこうした義務に忠実であれば、戦闘においては無双の勇者であり、いかなる敵にも簡単に征服されることはない。神が助け手としておまえたちの傍らにおられるかぎり、おまえたちはすべて（の敵）を軽蔑してかかっても構わないからだ。

また、おまえたちが生涯徳行に励めば、大きな褒賞が待っている。徳自体がすでに最高の貴重な財宝であるが、それはさらにさまざまの豊富な余徳を生むからだ。もしおまえたちが互いに徳を実践するならば、おまえたちの生涯は祝福され、他の（いかなる）民族をも凌ぐ繁栄が与えられ、子孫にもよき評判を準備することになる。わたしが神の指図を受けてつくりあげたこれらの律法を（よく）聞いて守り、それが意味するものを（よく）考えるならば、おまえたちは（間違いなく）これらの祝福をわがものにすることができる。わたしはおまえたちを、律法の慎重（な導き）と、体系づけられた統治原理と、おまえたちの利害を心配してくれる（よき）指揮官たちの徳に託し、おまえたちの（今の）幸福を喜びながらこの世を去ろう。神はおまえたちを今まで導き、わたしも神の意志によっておまえたちに奉仕してきたが、神は今、ご自分の摂理に加えようとは考えてはおられない。おまえたちが徳の道を歩みつづけるかぎり、いつまでも行き届いた神の配慮を仰ぐことができるのだ。」（四・一八〇―一八五）

ここでは「全人類にとっての繁栄の唯一の源が恵み深き神」であることが強調され、その恵み深き神から幸福を得る唯一の方法は神の戒め（である律法）を守ることであり、徳行に励むことだと強調されておりますが、わたしたちはここで、本書の第一巻の「はしがき」に書かれてあったヨセフスの言葉を想起するはずです。彼はそこで『古代誌』執筆の目的を読者に向かって次のように述べているのです。「ところで、一般的に言って、この歴史物語を読んでくださる方がそこから学ばれる大きな教訓は、およそ次のことであろう。すなわち、神のご意志に率直にしたがい、（わたしたちの）すぐれた律法に違反すまいとつねにおそれ慎んでいる者は、すべてにおいて自己の期待以上の成果をあげ、同時に神からその褒賞として祝福をたまわるということ、これに反し、(万一にも)律法の遵守をおろそかにすれば、その人は、実現できることも実現できなくなり、また、追い求めるせっかくの幸福も、結果的にはすべて取り返しのつかない災禍となって返ってくる、ということである」と(『異教徒ローマ人に語る聖書』の第2章参照)。モーセの告別演説のこの部分はまさに『古代誌』の「はしがき」部分でのヨセフスの宣言に見事に対応するものであり、ここでのその宣言の繰り返しは、ヨセフスの「律法の目的」理解を如実に物語るものとなっているのです。「ユダヤ民族の者たちよ、幸福を手にしたかったら、律法を守るのだ。律法を守ることで手にした幸福こそ真の幸福だ」というわけです。

「大祭司のエレアザロス(エレアザル)とイェースース(ヨシュア)は、ゲルーシア(の長老たち)と(各)部族の指導者たちとともに、おまえたちがしたがえば必ず繁栄に至る最上の判断を与えてくれるだろう。

彼らの言葉に進んで耳をかしなさい。よくしたがうことを知る者はすべて権威の伴う任務につけば(いかによく)支配するかを知っている、ということを悟ってほしい。

またおまえたちは、指導者たちから行うようにもとめられたことに憤慨し、それが自由だなどと考えてはならない。この時期に、無遠慮にものが言えると思うのは、おまえたちの恩人たちへの侮辱にほかならない。そして今後、これらのことによく注意するならば、万事は順調に進むであろう。おまえたちがしばしばわたしにぶつけたような狂気を、おまえたちの指導者たちに向けてはならない。おまえたちも知っているように、わたしの生命は、敵よりもおまえたちによって危険にさらされた方が多かったのである。わたしはおまえたちを非難するつもりでこう言っているのではない。

この世を去るにあたり、このことを思い出させておまえたちの心を重くすることは、わたしの本意ではないし、また、そんなこともしたくない。しかし、わたしは言いたい。(どうか)おまえたちは、将来のために中庸で穏健であってほしい。そして、おまえたちの通るべき安全な道はそこしかないことを学んでほしい。

おまえたちがヨルダノス(ヨルダン)川を渡り、カナナイア(カナン)を征服して莫大な富を手にしても、どうか(おまえたちのために)立てられた人たちへの暴力沙汰だけはやめてほしい。なぜなら、おまえたちが逆上して暴力に訴えて徳を無視したり軽視したりすれば、おまえたちは神の恩寵すら失うことになるからである。そして、いったん神を敵にまわせば、おまえたちが獲得しようとしている土地は没収されてしまう。おまえたちは敵の武器に敗れ、大きな侮辱を受けた上で土地を取り上げられるのだ。そしておまえたちは世界中に散らされ、その結果、すべての陸や海が奴隷になったおまえたちで充満するだろう。

もちろん、そうした苦役の境遇に落ち込んでからは、(いかなる)後悔も、また自分たちが守ろ

うとしなかった律法についての（いかなる）追憶も役には立たない。」（四・一八六―九一）

ここに「おまえたちは、指導者たちから行うようにもとめられたことに憤慨し、……おまえたちがしばしばわたしにぶつけたような狂気を、おまえたちの指導者たちに向けてはならない」とあります。ヨセフスはここで対ローマのユダヤ戦争でユダヤの国を滅ぼした「ゼーロータイ」（熱心党）と呼ばれる者たちを脳裏に描きながら、祖国を追われてディアスポラ（離散）のユダヤ人となった同胞たちへメッセージを発信しております。ここでの「指導者たち」とは大祭司アロンの後継者となったエレアザルとモーセの後継者となるヨシュアを指しますが、同時にその「指導者たち」とは、ディアスポラのユダヤ人たちが属するシナゴーグの「指導者たち」であるのかもしれないのです。あるいは彼らの住む町や、村、あるいは他の民族の「指導者たち」であるかもしれないのです。ここでパウロの書いた「ローマの信徒への手紙」の第一三章の主題「支配者への従順」を思い起こす人がいるかもしれません。

モーセはつづけます、いやヨセフスはつづけます。

「だから、もしおまえたちがこれらの律法を自分たちのもとに留めておこうとすれば、敵を打ち破った後は、ひとりたりとも生かしておいてはならぬ。彼らを生かしておけば、おまえたちは彼らの（悪）習に染まり、父祖伝来の統治原理を退廃させることになる。そういうことがあってはならぬからだ。（そのためには）彼ら全員を殺戮するのが（もっとも）手っとり早い手段だと心得なければならぬ。

またわたしは、彼らの祭壇や（聖なる）森や神殿等をすべて破壊し尽くし、彼らの種族やその記憶を火で消滅させるよう勧告する。おまえたちの幸福は、こうしてはじめて安全で確実なものになるからだ。

わたしは、おまえたちの性格がよりよき方法を知らぬために悪に走ることを懸念し、神の指図でおまえたちのために律法を編纂し、（それにもとづく）統治の原理をつくった。おまえたちは秩序を崩すことなく、それを維持していくのだ。そうすれば、おまえたちは、全（人類）の中でもっとも幸福な（民族）と見なされるであろう。」（四・一九一―九三）

恐ろしい檄文です。

ここは今から三〇年以上前に『ユダヤ古代誌』を翻訳していて、生来のか細い神経の持ち主であるわたしが顔面蒼白となった箇所です。ここでの言葉から（モーセ）五書につづく、カナン侵入の物語となったヨシュア記に通底する「絶滅の唄」がリフレインして聞こえてきたからです。ここでの檄から はまた、イスラエルの子ら、すなわちユダヤ民族の者たち以外の者は遠慮容赦なく「滅ぼし尽くせ」の合唱が聞こえてくると同時に、異教徒たちの間で宣教したキリスト教徒たちが「神の栄光」のために滅ぼし尽くした他宗教の者や先住民族の者たちの呻き声が聞こえてきたからです。そして歴史の皮肉としか言い様がないのですが、ヒットラーがここでのモーセのイデオロギーと方法論をそっくりそのままいただいてユダヤ人たちをその悲劇的な運命に落とし入れたその光景がわたしの脳裏に浮かんでは消えて行ったからです。ユダヤ教やキリスト教がきれいごとですまされない宗教であることぐらいは覚えておきましょう。

さて、ヨセフスによりますと、モーセはこう語り終えると、人びとに律法と統治原理を書き記した一巻の書を与えたそうで、そのためヨセフスは次に「モーセの律法と統治原理」について新たな一章をもうけますが、それは本書につづく次の巻で取り上げる予定にしておりますので、ここではそれに立ち入ることはしません。

モーセの最後の言葉

申命記二七・九―二六、二八・一―六八によれば、モーセは死期が近づいてくるのを自覚すると、全会衆を相手に祝福の言葉を与え、また呪いの言葉を投げつけたそうですが、その一々の内容を読んでいきますと、ユダヤ教やキリスト教における「呪い」の問題に逢着いたします。この二つの宗教の最大の恫喝は、呪いにあることを忘れたくないのですが、ヨセフスはそれを、モーセが「アベル・シッテムでの演説につづく「数日間の間に連日開催されていた」集会でなされたものとしております（四・三〇二）。

ヨセフスはここで五書にはない興味深い情報を提供いたします。

彼によれば、モーセはこの集会で「六歩格の詩を朗読し、それを神殿に保存されている文書の中に残している」（四・三〇三）そうですが、申命記の第三二章には「モーセの歌」と呼ばれるものが見られます。したがってここでの六歩格の詩行はこの歌を念頭に置いて云々されているように思われるのですが、ヨセフスによれば、その内容は「将来の事件を預言したもので、（過去には）すべてのことが（書かれているとおりに）起こり、今でも起きている」（四・三〇三）ものだそうです。

一方ヨセフスは本書二・三四六で、エリュトラ海徒渉でエジプト軍が壊滅した所謂「紅海の奇跡」を語り、ヘブルびとの歓喜とそのときモーセがつくった頌歌に触れて、「彼らはこうして危地を脱出し、そのうえ敵はそれまでの人類の記憶にない仕方で（神の）罰を受けたので、夜を徹して（神を）ほめたたえ、楽しみに打ち興じた。モーセース（モーセ）も神の恩寵を感謝する頌歌を六歩格（の詩行に）に託した」と述べております。ここでの詩行は、出エジプト記一五・一―八に見られる「海のうた」（新共同訳）とか「ヤハウェ勝利の歌」（岩波版）と呼ばれるものを念頭において言われているようにもみえるのですが、どちらも六歩格の詩行である以上、ヘブライ語ではなくてギリシア語で書かれたものでなければなりません。そうするとその二つは、モーセや聖書のその他の英雄たちの名を冠して生まれたヘレニズム・ローマ時代の偽典文書のひとつであったと想像したくなります。ヨセフスがこの詩行の中身にまったくふれていない事実は、神殿焼失の七〇年以前に、彼自身がそれをエルサレムの神殿の中で目にしたことがあるが、ギリシア語で書かれていることもあって、彼自身はモーセがその作者でないと想像していた可能性を示唆するものとなります。

モーセの死

申命記三二・四八―五〇によれば、主はモーセに向かってモアブの地にあるネボ山に登り、そこからイスラエルの子らが所有することになるカナンの地を望遠し、その山で死に、イスラエルの子らの父祖たちの中に加えられると告げます（図51）。そして同書三四・五―六は、モーセがその地で死んだと告げるとともに、人びとが三〇日間服喪したことを告げます。

ヨセフスはまずモーセの死の近いことを知ったときの人びとの取り乱しぶりを想像して描き、そうすることで彼がどんなに人びとに慕われた最高指揮官であったかを強調します。

ヨセフスはここでもモーセが全会衆になしたと想像する最後の言葉を創作しますが（四・三一五―三一九）、そこでのモーセは神の前に徹底した謙遜な指揮官です。彼は自分が神の「副官で、神がわたしたちの民に分かたれたもろもろの幸福のための下働きにすぎなかった」ことを強調するからです。

図 51●「モーセ、約束の地を望遠する」

ヨセフスはモーセの最後の言葉を聞いたときの人びとの感動ぶりを次のように想像いたします。

「人びとは泣いた。女さえも自分の胸を打ち、迫りつつある彼の死にその感情をあらわにした。また子供たちは悲しみを抑える強さがないだけに、その泣き方はいっそうはげしかった。それは彼らが年少にもかかわらず、モーセース（モーセ）の徳と仕事の偉大さを理解していることを示すものであった。

若者や年配の者たちは、互いにどちらの悲しみが大きいだろうかと考えた。年配の者は、今、自分たちが（偉大な）保護者を失おうとしていると感じて来たるべき事態を嘆き、若者は、それも悲しみの原因であったが、（それ以上に）自分たちがモーセースの徳行に十分触れないまま彼の死を迎えようとしている運命を悲しんだ。

（いずれにしろ、そのとき）泣きわめく人びとの取り乱しかたがどれほど異常であったかは、この律法制定者の身に今まさに起ころうとしていた事態を思えば（容易に）想像できるであろう。モーセースは、人間の死期が近づいても、そうした運命は神の意志と自然の定めによるものであって、決して落胆してはならないと考えていた。しかし、その彼ですら民の嘆くさまを見て、涙を流さざるを得なかったのである。

さて、モーセースがそこから立ち去るべき所へ向かって進みはじめると、すべての者は涙にかきくれながらも、なお彼にしたがおうとしていた。しかしモーセースは、遠くの者には（そこに）留まるよう手で合図し、近くの者には口頭で、彼らがついてきて涙の別れにしないよう諭した。彼らはついに折れて、モーセースの希望どおりの出立を認めると、互いに涙を流しながら、その場に留まった。結局、大祭司エレアザロス（エレアザル）と指揮官イェースース（ヨシュア）を含むゲルーシア（の長老たち）だけが彼にしたがった。

彼ら一行がアバレイス（アバリム）と呼ばれる山に到着すると、モーセースはゲルーシア（の長老たち）を帰らせた。その山はイェリクース（エリコ）に面して聳え立つ高い山で、山頂からカナナイア（カナン）人の土地の大部分を見下ろすことができた。そして彼は、エレアザロスとイェースースに別れの挨拶をして、しばらく言葉を交わしていたが、突然、一団の雲が彼の上に降りてきたかと思うと、そのまま渓谷の中に姿を消した。

もっとも、モーセース自身は、聖なる文書において、自分がそこで死んだと書いている。彼のあまりにも高い徳のために、彼は神のもとへ帰ったなどと人びとが口にするのを危惧したからである。」（四・三二〇—三二六）

ヘブライ語申命記三四・五—六によれば、「主の僕《しもべ》モーセは、主の命令によってモアブの地で死んだ。主は、モーセをベト・ペオルの近くのモアブの地にある谷に葬られたが、今日に至るまで、だれ

図 52●「モーセとみ使い、山に入る」（上段）、「み使い、モーセの魂を取り去る」

も彼が葬られた場所を知らない」そうですが（図52）、そのギリシア語訳は、この一文に見られる固有名詞ベト・ペオルを分解して「家」を意味する要素をベトから取り出して「フォゴールの家」とし、さらに「谷」を意味するヘブライ語のガイを固有名詞と理解し、「モアブの地にある谷」を「モアブの地にあるガイ」としております。

以上は文字どおりモーセの生涯のジ・エンドの場面ですが、ここでの記述は、読者がユダヤ人であればエノクの最期の場面（創世記五・二四）を思い起こし、異教徒であれば、ヨセフスが『古代誌』の範としたディオニュシオスの『ローマ古代誌』一・六四・四に見られる記述「アイネアスの死体がどこにも見あたらなかったとき、ある人びとは（アイネイアスが）神々のもとにたち帰ったのだと推理し、またある人びとは戦闘が行われた川の中で死んだのだと推理した」や、同書二・五六・二に見られる記述、「彼（ロルムス）の生涯について荒唐無稽なことを書く連中は、彼が陣営で集会を開いていたとき、突然、暗闇が晴れ上がった空から落ちてきて、大嵐が吹き荒れ、彼の姿がどこにも見えなくなったと言っている。これらの連中は、この男が父のアレオスによって（天に）連れ去られたのだと信じ切っているのである」を思い浮かべるかもしれません。

ヨセフス、モーセ物語を締めくくる

そしてヨセフスは最後に次のように言って、モーセ物語を締めくくるのです。

「モーセース（モーセ）の寿命は一二〇歳、（ヘブルびとの）支配者だった期間は四〇年に欠けること一か月であった。彼が去った日は、マケドニア人がデュストロスと呼び、わたしたちがアダルと呼ぶ一年の最後の月の、新月の日であった。

彼は理解力では古今東西の人びとにまさっていたが、同時に、それがもたらすものを実に立派に活用した。彼は（人びとに）語りかけたり、大勢の者に向かって演説するときには、あらゆる点で聞き手の好感を勝ち得た。また（つねにおのれの）感情を完全に抑制し、自分の中にそれがいっさいないかのような印象を人びとに与えた。事実彼は、（怒りや憎悪の）感情の存在を、自分のうちにではなく、（それを爆発させた）他の人間の中に見て、はじめて知ったのである。彼は比類のない有能な指揮官であった。そして預言者としては（文字どおり）古今独歩であり、人びとは彼の語ることのすべてを聞く思いで聞いたのである。

民は三〇日の喪に服した。ヘブルびとはかつて、このモーセースの死のときほど深い悲嘆のうちに喪を迎えたことはなかった。しかも、彼の死を惜しんだのは、彼を知る人ばかりではなかった。

彼の律法の書を読んだ者たちも、彼が卓越した徳の持ち主であったことを律法それ自体から知り、彼の死に哀悼の意を表しつづけて現在に至っているのである。

以上で、モーセースの最後についての記述を終える。」（四・三二七―三三〇）

ヨセフスのこのエンディングにたいして、わたしもまたエンディングの言葉を口にしなければなりません。わたしは紀元後一世紀にイエスにも匹敵する声望を集めた哲学者にして宗教家の『テュアナのアポロニオス伝』（拙訳、京都大学学術出版会）を書いたピロストラトスの言葉を借りて、モーセ物語を「信じるのも自由、まったく信じないのも自由」で締めくくりたいと思います。

あとがきに代えて

本書は、先行した拙著『異教徒ローマ人に語る聖書——創世記を読む』に接続するもので、紀元後一世紀のユダヤ人の物書きフラウィウス・ヨセフス（三七年—一〇〇年ころ）がその著作『ユダヤ古代誌』全二〇巻（拙訳、ちくま学芸文庫所収）の最初の第二巻、第三巻、そして第四巻を費やして再話した「モーセ物語」を取り上げたものである。この『古代誌』の前半の一一巻では天地創造にはじまりヨセフスの時代にまでつづくユダヤ民族の歴史が聖書（旧約聖書）の正典や外典文書にもとづいて再話されているが、そこで再話されるモーセ物語こそ、ヨセフスにとっては、もっとも重要なものであったに違いない。なぜならば、ヨセフスがその読者と想定する彼ら異教徒たちは、ユダヤ民族の英雄モーセをレプラ患者であったとか、エジプトを追放されたレプラ患者の群れを率いた人物であるとさんざんなことを口にしていたからである。

ヨセフスは（モーセ）五書で書かれているモーセ物語を大幅に書き改める。五書には見いだされない資料を大胆に持ち込んでモーセの生涯を再構成する。モーセの言葉を大胆に創作する。神の言葉を創作する。五書で神の言葉とされているものをモーセの言葉にする。物語の展開の順序を五書のそれとは異なるものとする。異教徒たちに語りたくない部分は語らない。すーと逃げてしまう。五書を含む聖書で語られている奇跡物語を「信じるも自由、信じないも自由」と、その判断を最終的には物語の聞き手や読者に委ねる。再話の聞き手や読者は基本的には異教徒たちであるが、その中には、『ユダヤ古代誌』を手に取る可能性のあるローマやアレクサンドリア在住のユダヤ人や、その他の都市に住むディアスポラのユダヤ人が入っている。そのためヨセフスは彼らへのメッセージをさりげなく挿入する。彼は全方位であり、どこまでも自由奔放である。

なぜヨセフスはモーセ物語を大胆に語り直すことができたのか？

それには二つの理由があるように思われる。ひとつは彼の語りかける異教徒たちがユダヤ民族の五書などを知らず、知ろうともしなかったことである。もしそうであれば、ヨセフスは五書で語られている世界を大胆に単純化し、そこにモーセを登場させるしかない。彼はそれをしたのである。もうひとつの理由は、ヨセフスが『古代誌』を著作していた時代、五書の正典化が進行しつつあったとはいえ、ユダヤ教徒の間での合意は緩やかな合意でしかなかったことである。よく知られていることだが、神殿の祭司階級の大半を占めたサドカイ派の者たちは五書しか認めていなかったが、七〇年秋の神殿炎上後は、エルサレムの神殿に寄生していた祭司たちはすでにいないのである。五書だけの重要性を声高に叫ぶ者たちはもはやいないのである。パレスチナのユダヤ人たちを襲った民族の災禍を生き延びたパリサイ派の者たちは、神殿なきユダヤ教の再建のために彼らの日常はそれなりに結構忙しかったが、彼らはサドカイ派の者たちとは異なり、五書以外の書物の重要性を最初から認めていた。とはいえ、彼らの間でも正典文書の重要性に関してはさまざまな見解があったであろうし、それらの見解がパレスチナの外のディアスポラのユダヤ人たちにどこまで共有されていたのかはよく分からない事柄である。

ヘレニズム・ローマ時代のユダヤ教を、正典文書や、外典文書、偽典文書、死海文書、フィロンの著作など介して学ぶ者は、そこにはもはや規範的なユダヤ教とか、規範的なユダヤ教理解などが存在しないことを承知する。彼らはまた、この時代の正典文書のテクスト史（テクストの伝承史）に関心を払えば、絶対的な規範となりうる正典文書のテクストなどはもはや存在しないことを承知する。彼らはさらにまた、パレスチナのユダヤ人共同体やディアスポラのユダヤ人共同体で使用されていたヘブライ語のテクストの間でさまざまな差違があり、またそのギリシア語訳との間で差違があり、ギリシア語訳同士の間で無数といってもよいほどの差違があることを承知する。これが「神の言葉」とされるものの舞台裏である。

ヨセフスは規範的ユダヤ教などが存在しないことを知っていた。それを知るに至ったのは多分ローマにおいてであり、ローマのユダヤ人共同体に出入りして彼らの理解するユダヤ教を知り、さまざまなギリシア語訳が出回っていることを知ったときであろう。彼は対ローマの戦争で敗北し、ユダヤ教の象徴である神殿を失ったとき、パレスチナのユダヤ人たちがさまざまな仕方で「神殿なきユダヤ教」を定義しようとしていたことをローマにおいて知っていたであろうし、そのためには正典文書として括られる文書や、外典文書、偽典文書――もちろん、その当時には「外典文書」や「偽典文書」などという言葉は存在しなかった――に分類されるさまざまな文書を熱心に学び、そこから多くを学び、そこからも規範的ユダヤ教などがもはや存在しないことを確認していたであろう。ローマでのヨセフスは、自分たちの民族が生み出したさまざまな文書に取り囲まれていたばかりでなく、異教徒の物書きたちが残したさまざま歴史資料や文学資料などをも収集し、彼らには彼らの世界があることを知るようになると同時に、そこからも多くのことを学んだのである。たとえば、本書での指摘から明らかなように、彼はツキディデスから歴史記述の方法論を学んでいる。「異教世界に語りかけたかったらツキディデスを学べ」とは、多分、彼のギリシア語の助手が助言したものであろうが、本書に見られる神の言葉やモーセの言葉は、そのときその場でそれを当事者の口に入れるのがふさわしいと判断されれば、何の躊躇もなくそれが創作されるのである。その結果、彼は自分たちの民族の歴史を異教徒たちに語るのに、正典文書だけでなく、外典や偽典を資料として縦横に使用することができたのである。もしわたしたちがそれを評価することができるのであれば、わたしたちはここに、パレスチナという偏狭な世界から解き放たれ、それとは異なる文化的な環境であるローマに移り住んだ再話者ヨセフスを祝福しなければならない。

本書はヨセフスの『ユダヤ古代誌』の中でわたしが一番語りたかった部分であり、わたしはその秘かな思いを、ヨセフスの著作の全訳を終えた三〇年前から抱きつづけてきた。諸外国ではこの三〇年でヨセフス研究が飛躍的に進展し、ヨセフスの現代語訳や研究書が堰を切ったかのように次からつぎに出版されているが、わが国においてその現象を見ることはまったくない。若手の研究者にはヨセフスへの学問的関心は皆無とは言わないまでも希薄のようである。一体彼らは何を学ぼうとしているのかね、とつぶやくことしばしばであり、寂しいかぎりである。だが京都大学学術出版会は、わたしの寂しい思いを知ってか、さまざま助けの手を差し伸べてくれている。彼らがそうしてくれるのは、彼らの中にヨセフス研究の重要性を承知する西洋古典学専攻の確かな学徒がいるからである。本書の出版にはいつものことながら国方栄二氏のご理解とご尽力があった。氏の名前を最後に挙げて、わたしの心からの謝意としたい。

二〇一〇年八月

オックスフォード大学ボドレー図書館にて

秦　剛平

【図版一覧】

（略語表）

Ser.　: Istanbul, Topkapi Sarayi Library, cod.G.. I. 8, Octateuch

Vat. 746 : Rome, Biblioteca Apostolica Vaticana, cod. Vat. gr. 746, Octateuch

Vat. 747 : Rome, Biblioteca Apostolica Vaticana, cod. Vat. gr. 747, Octateuch

Sm.　: Smyrna, Evangelical School Library, cod. A. I, Octateuch

Vtp　: Athos, Vatopedi Monastery, cod. 602, Octateuch

＊以下の表記で見られる public domain は、その使用が一般に「公共財」として認められているものを指す。

カバー　モーセと十戒、フィリップ・ド・シャンパーニュ、エルミタージュ美術館
Champaigne, Philippe de. Moses with the Ten Commandments. Oil on canvas. 91.5x74.5 cm. France. 1648. Inv. no. GE-625.
The State Hermitage Museum, St. Petersburg : Photograph © The State Hermitage Museum/photo by Vladimir Terebenin, Leonard Kheifets, Yuri Molodkovets.

口絵 1　（第 1 章）敵兵を打擲するセティ 1 世、ウェブ

口絵 2　（第 2 章）嬰児、流れから救い上げられる、オラツィオ・ジェンティレスキ、1630 年ころ作、プラド美術館

口絵 3　（第 3 章）モーセと燃える茨、ドメニコ・フェティ、1613 年ころ作、ウィーン美術史美術館

口絵 4　（第 4 章）ファラオの前のモーセ、シリア語聖書、パリ国立図書館

口絵 5　（第 5 章）エリュトラ海の徒渉、ドウラ・エウロポス出土、ダマスカス博物館

口絵 6　（第 6 章）シナイ山、エル・グレコ、1568 年、モデナのエステンセ美術館

口絵 7　（第 7 章）十戒を授かるモーセ、15 世紀作、パルマ祈祷書

口絵 8　（第 8 章）荒れ野の中のイスラエルびと、ティントレット、1592 年ころ作、サン・ジョルジオ・マッジョーレ聖堂

口絵 9　（第 9 章）モーセの死、ルカ・シニョレリ、1481 年ころ、ヴァチカンのシスティーナ礼拝堂

図 1　セティ 1 世（web, public domain）

図 2　ラムセス 2 世（web, public domain）

図 3　ヘーリオ・ポリス（web, public domain）

図 4　神殿書記（web, public domain）

図 5　「モーセの誕生」Ser., fol. 156r

図 6　「川に流されるモーセと救出」（上段)、「テルムーティス、モーセを父のファラオに紹介」（下段）Ser., fol. 157v
図 7　サルゴン王（web, public domain）
図 8　「イスラエルの子らを撃つエジプト人たち」（上段)、「ファラオに直訴するイスラエルの子ら」（下段）Ser., fol. 174v
図 9　「モーセ、監督官を撃ち殺す」Ser., fol, 158r
図 10　蛇を攻撃するトキ（web, public domain）
図 11　メロエの遺跡（web, public domain）
図 12　「モーセ、リウエルの娘たちを救う」（上段)、「モーセ、リウエルと食事をする」（下段）Vat. 746, fol. 154v
図 13　「モーセと燃え盛る茨」（上段)、「モーセ、下履きを脱ぐ」（下段）Vat. 746, fol. 157r
図 14　「蛇に変わったモーセの杖」（上段)、（モーセ、リウエルに別れを告げる」（下段）Sm., fol. 68r
図 15　「ファラオの前のモーセとアロン」Vat. 746, fol. 166v
図 16　聖書学者のティッシェンドルフ（web, public domain）
図 17　「血に変わったナイルの水」Vat. 746, fol. 171v
図 18　「蛙の災禍」Ser., fol. 178r
図 19　「虱の災禍」Vat. 746, fol. 173v
図 20　「犬蠅の災禍」Vat. 746, fol. 174r
図 21　「家畜の伝染病の災禍」Ser. fol. 180r
図 22　「腫れ物の災禍」Ser., fol. 180v
図 23　「雹の災禍」Sm., fol. 75r
図 24　「蝗の災禍」Ser., fol. 182r
図 25　「闇の災禍」Ser., fol. 183v
図 26　「初子の死」Vat. 747, fol. 87r
図 27　「別れを惜しむエジプト人たち」（上段)、「動物の初子の死」（下段）Ser., fol. 184r
図 28　「エジプトから脱国するイスラエルの子ら」Sm., fol. 79r
図 29　「エリュトラ海の奇跡」Ser., fol. 197v
図 30　ストラボーンの『地誌』、1620 年版（web, public domain）
図 31　「聖クレメンスの殉教」、ベルナルディノ・フンガイ、1500 年頃、City Art Gallery, York.（Web Gallery of Art, public domain）
図 32　「鶉の奇跡」Vat. 746, fol. 332r
図 33　「シナイ山での神顕現」Ser., fol. 217r
図 34　「十戒授与」Vat. 746, fol. 247r
図 35　「黄金の牛」Ser., fol. 254v
図 36　「アレクサメノス」、3 世紀（web, public domain）
図 37　同上（web, public domain）

図 38　ティトスの凱旋門、ローマ（web, public domain）
図 39　コーシャの看板、ニューヨーク（web, public domain）
図 40　「モーセとレプラ患者」Vat. 746, fol. 281r
図 41　「モーセ、斥候をカナンの地へ送り出す」Ser., fol. 342r
図 42　初期キリスト教徒の祈りの姿、ローマのカタコンベ（web, public domain）
図 43　「大地に呑み込まれるコラとその一党」Sm., fol. 163v
図 44　「モーセ、アロンとその子らを祭司に任命」Ser., fol. 246r
図 45　「芽をふき花が吹くアロンの杖」Vat. 746, fol. 342v
図 46　「ミリアムの埋葬」Ser., Fol. 356v
図 47　「アロンの埋葬」Vtp., fol. 165v
図 48　「バラムのもとへ遣わされる使節」Vat. 746, fol. 352r
図 49　「ピネハス、ジムリを殺害する」Vat. 747, fol. 178v
図 50　「モーセ、イスラエルの子らに告別の挨拶をする」Vtp., fol. 312v
図 51　「モーセ、約束の地を望遠する」Vtp., fol. 333v
図 52　「モーセとみ使い、山に入る」（上段）、「み使い、モーセの魂を取り去る」Vat. 746, fol. 438r

索　引

参考文献

1次資料

(1) 聖書関係
『七十人訳ギリシア語聖書Ⅰ創世記』(秦剛平訳、河出書房新社、2002)
『七十人訳ギリシア語聖書Ⅱ出エジプト記』(秦剛平訳、河出書房新社、2003)
『七十人訳ギリシア語聖書Ⅲレビ記』(秦剛平訳、河出書房新社、2003)
『七十人訳ギリシア語聖書Ⅳ民数記』(秦剛平訳、河出書房新社、2003)
『七十人訳ギリシア語聖書Ⅴ 申命記』(秦剛平訳、河出書房新社、2003)
『創世記』(月本照男訳、岩波書店、1997)
『出エジプト記・レビ記』(木幡藤子・山我哲雄訳、岩波書店、2000)
『民数記・申命記』(山我哲雄・鈴木佳秀訳、2001)
『新共同訳聖書』(聖書協会)

(2) ヨセフス
ヨセフス『ユダヤ戦記』3分冊(秦剛平訳、ちくま学芸文庫、2002)
ヨセフス『ユダヤ古代誌』6分冊(秦剛平訳、ちくま学芸文庫、1999-2000)
ヨセフス『アピオーンへの反論』(秦剛平訳、山本書店、1977)
ヨセフス『自伝』(秦剛平訳、山本書店、1978)

(3) ユダヤ関係
フィロン『モーセの生涯』
フィロン『ヨセフについて』
フィロン『フラックスへの反論+ガイウスへの使節』(秦剛平訳、京都大学学術出版会、2000)
偽フィロン『聖書古代誌』

(4) ローマ史関係
ハリカルナッソスのディオニュシオス『ローマ古代誌』
タキトゥス『年代記』(国原吉之助訳、筑摩書房、昭和40年)
タキトゥス『同時代史』(国原吉之助訳、筑摩書房、1996)

(5) ギリシア関係
『ホメーロス』(呉茂一、高津春繁訳、筑摩書房、昭和39年)
『トゥーキュディデース』(小西晴雄訳、筑摩書房、昭和46年)
トゥキュディデス『歴史 1』(藤縄謙三訳、京都大学学術出版会、2000)

トゥキュディデス『歴史　2』（城江良和訳、京都大学学術出版会、2003）
ヘロドトス『歴史』上中下（松平千秋訳、岩波文庫、1971–72）
アッリアノス『アレクサンドロス大王東征記』上下（大牟田章訳、岩波文庫、2001）
ダマスコのニコラオス『世界史』
ストラボーン『地誌』→『ギリシア・ローマ世界地誌』2分冊（飯尾都人、龍渓書舎、1999）
ピロストラトス『テュアナのアポロニオス伝』（秦剛平訳、京都大学学術出版会、2009）

(6) その他キリスト教関係
ヤコブス・デ・ウォラギネ『黄金伝説』4分冊（前田敬作、今村孝ほか訳、平凡社ライブラリー、2006）

2次資料

(1) ヨセフス関係
シャイエ J. D. コーエン『ヨセフス―その人と時代』（秦剛平＋大島春子訳、山本書店、1991）
ミレーユ・アダス＝ルベル（東丸恭子訳、白水社、1993）
秦剛平「ヨセフスの生涯について（その1）」、『多摩美術大学紀要』第9号（1994）所収
秦剛平「ヨセフスの生涯について（その2）」、『多摩美術大学紀要』第10号（1995）所収
秦剛平『ヨセフス：イエス時代の歴史家』（ちくま学芸文庫、2000）
スティーブ・メイソン『ヨセフスと新約聖書』（浅野淳博訳、リトン、2007）
秦剛平「18世紀と19世紀の英訳ヨセフス：近代語訳の誕生とその背景　その1」、『多摩美術大学研究紀要』、第16号（2001年）所収
秦剛平「18世紀と19世紀の英訳ヨセフス：近代語訳の誕生とその背景　その2」、『多摩美術大学研究紀要』、第17号（2002年）所収
秦剛平『異教徒ローマ人に語る聖書―創世記を読む』

(2) 七十人訳ギリシア語聖書関係
秦剛平『乗っ取られた聖書』（京都大学学術出版会、2006）
秦剛平「アリステアスの書簡」、『旧約聖書続編講義』（リトン、1999）

(3) フィロン関係
アーヴィン・グッドイナフ『アレクサンドリアのフィロン入門』（野町啓ほか訳、教文館、1994）

(4) その他
秦剛平『旧約聖書続編講義』（リトン、1999）
野町啓『学術都市アレクサンドリア』（講談社学術文庫、2009）

辞典・事典

カルル・ハインリッヒ・レングシュトルフ『ヨセフス辞典』
マイケル・グラント＋ジョン・ヘイゼル『ギリシア・ローマ神話事典』（入江和生ほか訳、大修館書店、1988）
松原國師『西洋古典学事典』（京都大学学術出版会、2010）

秦　剛平（はた　ごうへい）

1942年生まれ。多摩美術大学教授、同大学新図書館館長。専攻はヘレニズム・ローマ時代のユダヤ教。

主要著書／『ヨセフス』『旧約聖書の真実』『新約聖書の真実』『聖母マリアとキリスト教伝説』（ちくま学芸文庫）、『旧約聖書続編』（リトン）、『描かれなかった十字架』『あまのじゃく聖書学講義』『旧約聖書を美術で読む』『新約聖書を美術で読む』『反ユダヤ主義を美術で読む』『絵解きでわかる聖書の世界』（以上は青土社）、『乗っ取られた聖書』『異教徒ローマ人に語る聖書―創世記を読む』（学術選書、京都大学学術出版会）ほか

古典からの主要訳書／フィロン『フラックスへの反論／ガイウスへの使節』（京都大学学術出版会）、エウセビオス『コンスタンティヌスの生涯』（同上）、ピロストラトス『テュアナのアポロニオス伝1』（同上）、ヨセフス『ユダヤ戦記』全7巻（山本書店3分冊、ちくま学芸文庫3分冊）、『ユダヤ古代誌』全20巻（山本書店11分冊、ちくま学芸文庫6分冊）、『アピオーンへの反論』（山本書店）、『自伝』（山本書店）、エウセビオス『教会史』全10巻（講談社）、『七十人訳ギリシア語聖書』5分冊［モーセ五書］（河出書房新社）

その他の主要訳書／バートン・L・マック『失われた福音書』『誰が新約聖書を書いたのか』、ジャック・マイルズ『神の伝記』、ジェームス・C・ヴァンダーカム『死海文書のすべて』、ピンハス・サデー『ユダヤの民話』上下、デイヴィッド・ゴールドスタイン『ユダヤの神話伝説』、ビアトリス・S・ヴァインリヒ『イディッシュの民話』（以上は青土社）、ジョン・D・クロッサン『イエスの言葉』（河出書房新社）ほか

主要論文／ヨセフス、エウセビオス、七十人訳ギリシア語聖書関係のもの多数

論集の編纂／ヨセフス論集、4分冊（H・L・フェルトマンとの共編、山本書店）、エウセビオス論集、3分冊（ハロルド・W・アトリッジとの共編、リトン）

学術選書

書き替えられた聖書
—新しいモーセ像を求めて

学術選書 050

2010年11月22日　初版第1刷発行

著　　者…………秦　剛平
発 行 人…………檜山 爲次郎
発 行 所…………京都大学学術出版会
京都市左京区吉田近衛町69
京都大学吉田南構内（〒606-8315）
電話（075）761-6182
FAX（075）761-6190
振替 01000-8-64677
URL http://www.kyoto-up.or.jp

印刷・製本…………㈱太洋社
装　　幀…………鷺草デザイン事務所

ISBN 978-4-87698-850-1
定価はカバーに表示してあります

学術選書［既刊一覧］

＊サブシリーズ　「心の宇宙」→心　「宇宙と物質の神秘に迫る」→宇　「諸文明の起源」→諸

036 中国文明　農業と礼制の考古学　岡村秀典　諸6
037 新・動物の「食」に学ぶ　西田利貞
038 イネの歴史　佐藤洋一郎
039 新編　素粒子の世界を拓く　湯川・朝永から南部・小林・益川へ　佐藤文隆 監修
040 文化の誕生　ヒトが人になる前　杉山幸丸
041 アインシュタインの反乱と量子コンピュータ　佐藤文隆
042 災害社会　川崎一朗
043 ビザンツ　文明の継承と変容　井上浩一　諸8
044 江戸の庭園　将軍から庶民まで　飛田範夫
045 カメムシはなぜ群れる？　離合集散の生態学　藤崎憲治
046 異教徒ローマ人に語る聖書　創世記を読む　秦　剛平
047 古代朝鮮　墳墓にみる国家形成　吉井秀夫　諸13
048 王国の鉄路　タイ鉄道の歴史　柿崎一郎
049 世界単位論　高谷好一
050 書き替えられた聖書　新しいモーセ像を求めて　秦　剛平